DIOS
El AQUÍ, Y *El* MÁS ALLÁ:
El Camino al Cielo

NORMAN B. TALSOE

Copyright © 2024 por Norman Talsoe

ISBN: 978-1-77883-292-5 (Rústica)

Todos los derechos reservados. Ninguna parte de esta publicación puede ser reproducida, distribuida o transmitida en forma alguna ni por ningún medio, incluidos el fotocopiado, la grabación u otros métodos electrónicos o mecánicos, sin el permiso previo por escrito del editor, excepto en el caso de citas breves incluidas en reseñas críticas y otros usos no comerciales permitidos por la ley de derechos de autor.

Las opiniones expresadas en este libro son exclusivamente las del autor y no reflejan necesariamente las de la editorial, que declina toda responsabilidad al respecto.

BookSide Press
877-741-8091
www.booksidepress.com
orders@booksidepress.com

Contenido

PRÓLOGO vi
LA VISIÓN vii
AGRADECIMIENTOS xi

INTRODUCCIÓN 1
COINCIDENCIAS...3
DIOS 5
NUESTRA SALVACIÓN...24
LA BIBLIA..44
LA CONFIABILIDAD DE LA BIBLIA: 51
INTRODUCCIÓN:¿Dioses astronautas? 55
EL AQUÍ 64
DISCREPANCIAS EN DANIEL 11:45-50..............94
DESCUBRIMIENTO DEL ARCA DE LA ALIANZA 98
EL MÁS ALLÁ 121
¿EXPERIMENTARÁN LA TRIBULACIÓN LOS CREYENTES "RENACIDOS"? 137
COMIENZA EL FALSO CULTO 156
SEGUNDO JUICIO: CRISTO JUZGA A LAS NACIONES...185
JUICIOS DE TROMPETA Y COPA 187
TERCER JUICIO: BATALLA FINAL....................203

Craig Talsoe, *Creo que es una lectura reveladora para todos los creyentes y creyentes en Cristo. Mi padre dedicó muchos años a la investigación de este libro. Su sueño le decía que creería que la tarea era imposible. Además, este esfuerzo me ha ayudado a entender preguntas que tenía en la Biblia. Espero en general que encuentren el libro informativo y agradable.*

Connie Tropple (Talsoe) *Recomiendo encarecidamente este libro a cualquiera, independientemente de lo seguro que se sienta en su fe. Aporta información bíblica que la mayoría de la gente ni siquiera ha considerado. Creer en Dios no es suficiente. - este libro cubre lo que se necesita y ha cambiado la forma en que quiero vivir el resto de mi tiempo.*

Cara Belisle (Talsoe). *Este libro pretende evangelizar el mundo. Explica el orden cronológico de los acontecimientos que tienen lugar en el libro del Apocalipsis. Para creyentes y no creyentes, este libro trae un mensaje de esperanza a través de la comprensión de lo que tenemos que hacer en la preparación para el regreso de Cristo, nuestro Señor y Salvador. Después de leer este libro, he llegado a un amor más profundo, una mejor comprensión y una fe más fuerte en Jesucristo y en lo que Él ha preparado para nosotros en el Más Allá. Las recompensas hacen que valga la pena compartir este libro con familiares y amigos para ayudar a difundir la palabra de Dios. Que Dios les bendiga.*

PRÓLOGO

¿Te interesa leer sobre misterios que te involucran sin que tú lo sepas? El caso es que todos estamos implicados en la historia que voy a contar. Así que, dependiendo de quién seas, me creerás o dirás: "estás mal de la cabeza".

Tenía ochenta y dos años cuando empecé a escribir un libro que Dios me pidió que escribiera. Ahora tengo noventa y uno: difícilmente la edad para ser autor. Entonces, ¿por qué estoy haciendo esto? El SEÑOR usó múltiples milagros en cada paso para convencerme de honrar Su petición; *¿cómo se le dice que no a Dios*? Ya seas cristiano o ateo, la imposible secuencia de acontecimientos no pudo deberse al azar: sino a Dios. La tarea consiste en interpretar los últimos siete años bíblicos de la semana de 6000 años de Dios. Aunque suene locamente imposible: la siguiente historia es toda cierta. Dios determinará las consecuencias de tu reacción.

LA VISIÓN

Antes de despertarme una mañana, recibí una visión realista en la que se me pedía que escribiera un libro con el título dado: <u>*"Dios", el*</u> <u>*"Aquí" y el "Más Allá"*</u>. La imagen aparecía en letra cursiva negra, "Old English", sobre un fondo blanco puro. Una ráfaga de información decía que **el libro ayudaría a evangelizar el mundo** en los últimos tiempos. Inmediatamente pensé que **esto venía de Yahveh o, en retrospectiva, de mi cabeza**. Estaba totalmente fuera de lugar. Toda la información apareció de repente. Mientras estaba en la visión, dije:

"Tienes que estar bromeando - por qué yo - <u>esto es imposible</u>. Cómo es posible que pueda hacer esto?".

Este sueño me ocurrió a principios de 2012, precedido por uno anterior en 2010. Del mismo modo, transmitía un mensaje de *"El tiempo apremia"*, aludiendo al inminente regreso de Cristo. Sin embargo, esta visión fue en letras negras oscuras sobre un fondo rojo sangre brillante. Tuve que creer que estas visiones combinadas provenían del Todopoderoso e inmediatamente las etiqueté como <u>*"Mi Sueño Imposible"*</u>. ¿Cómo podía responder a semejante petición? Sin embargo, la impresión de mi sueño *imposible* se convirtió en un vínculo particular que, unido a los acontecimientos futuros, me impulsó a escribir este libro.

A continuación, Dios me envió una señal de que mi anterior suceso sobrenatural no provenía de mí. El domingo siguiente, en un sermón titulado *"¿Te gustaría cambiar el mundo?"*, a cargo de Geoff

Bohleen, pastor de Ministerios de Familia de la Iglesia de Wooddale. Una cita, *en el discurso*, de:

> (Mateo 28:18-20) [18] Y Jesús se acercó y les habló diciendo: Toda potestad me es dada en el cielo y en la tierra. [19] Por tanto, id, y haced discípulos a todas las naciones, bautizándolos en el nombre del Padre, y del Hijo, y del Espíritu Santo; [20] enseñándoles que guarden todas las cosas que os he mandado; y he aquí yo estoy con vosotros todos los días, hasta el fin del mundo. Amén.

Siguió el sermón predicando: "¡Les dijo que cambiaran el mundo!" y "cambiar el mundo era haciendo discípulos en todas las naciones". Y "No hay duda de que debemos dedicarnos a la evangelización. La pregunta es: "¿Qué enfoques debemos adoptar al hablar a otros de Jesús?". ***El sermón trataba sobre la evangelización del mundo***. Iba dirigido a mí y me llevó a pedirle una copia al pastor. Numerosas afirmaciones y escrituras de ese discurso tocaban el mismo tema y reforzaban la información que había recibido en mi sueño., Geoff pronunció un mensaje que validaba mi visión:: ahora resultaba más creíble. Recé a Dios para que me diera más pruebas de que mi sueño no era mío. Pero, en cambio, el refuerzo más sólido vino de una fuente diferente. En los últimos años, había escuchado y me había convertido en una gran seguidora de la entonces cantante de 10 años Jackie Evancho.

Al describir la actuación de esta niña, siempre había dicho que era como ver un milagro. Pasaba de ser una niña risueña a una intérprete angelical y luego volvía a ser la típica niña de 10 años. Todo ello con una increíble humildad. Cuando le preguntaban de dónde había sacado su talento, respondía tímidamente: "De Dios". Cuando se le preguntaba cómo se preparaba para la actuación, respondía: "Hago un contoneo de pingüino para relajarme y rezo una breve oración pidiendo a Dios que cante conmigo". Había arrasado en todo el mundo al quedar segunda en "America's Got Talent". Como era una gran admiradora, transcribí una de sus canciones a partir de un video que solo me permitía escuchar su voz. *Misteriosamente, al final de la canción había una voz masculina que citaba (Mateo 13:44-52) la parábola del "tesoro escondido", "la perla" y "Dragnet". El tesoro escondido y la perla eran metáforas del Reino de los Cielos.* Yo había transcrito la canción dos años antes, en 2010, antes de que Él me pidiera que escribiera su libro. **No había prestado atención al título** -- en aquel momento, no tenía ningún significado, habiéndolo transcrito seis meses antes de mi último sueño. Ese añadido me lo dijo dos años antes de la invitación a escribir el libro; su narración era para instruir a todos **sobre cómo** llegar a estar preparados para el cielo para satisfacer las expectativas de Dios.

Sin embargo, estas parábolas finales me causaron una gran curiosidad: no deberían haber estado allí. Eran solo, lo que parecía ser, una parte incómoda del montaje, algo que no parecía pertenecer. Que las parábolas formaran parte de esta canción la hace tan sorprendente.

¿Cuál era el título de la canción que transcribí con las parábolas adjuntas? En un momento fortuito, todo encajó. Ese momento se produjo cuando el título de la canción, "El sueño imposible", con sus parábolas, coincidió con mi descripción de Su tarea imposible.

Entonces cayó en la cuenta: al vincularla con el *"Sueño imposible"* que yo mismo me había descrito, recibí un mazazo. Dios había validado mi percepción de esta tarea imposible y además, con las parábolas adjuntas, describía lo que Él quería que el libro enfatizara. *El objetivo último de la humanidad debe ser el Reino de los Cielos.*

En ese momento, perdí el control; *se me saltaron las lágrimas al darme cuenta, por primera vez, de que ese sueño procedía del*

Todopoderoso. *Por razones insondables, me convencí de que Dios me había seleccionado para realizar esta tarea imposible de transmitir Su mensaje.* Por si fuera poco, el sermón predicado el domingo siguiente versó sobre las **mismas parábola**s. Del "tesoro enterrado", "la perla" y "Dragnet" unidas al "El sueño imposible" cantado por Jackie con, creíblemente, Dios, como ella pedía en oración, acompañando. Me enganché.

AGRADECIMIENTOS

Al abordar esta tarea imposible, el primer apoyo vino de mi primo Wayne y su esposa, Deedy Harmala. Ambos son cristianos entregados y fueron los primeros con los que me atreví a hablar de lo que me había ocurrido. Tardé tres meses en atreverme a hablar con ellos, -- y les conozco bien - ¿cómo iba a decirle a nadie que Dios me había pedido que escribiera un libro, dándome además el título - y luego decir que ayudaría a evangelizar el mundo en los últimos tiempos?

De los desconocidos o los no creyentes, me imaginaba "ojos torcidos hacia arriba" y una inclinación de cabeza comprensiva con cara de lástima. Sin embargo, sabía que mi primo y su esposa me escucharían con simpatía. Como resultado, hemos tenido muchas discusiones excelentes sobre religión, ateísmo, cristianismo y lo que he estado escribiendo. Fueron de los primeros en leer mis escritos y hacer sugerencias. Luego estaban mis hijos Connie, Cara y Craig, que leyeron mi libro a medida que evolucionaba, y ellos y sus cónyuges se convirtieron en cristianos asiduos a la iglesia en el proceso. Otros de la Iglesia de Wooddale incluirían a Tom Correll, un colega del CDC, y pastor jubilado de Misiones que revisó mis escritos y dio valiosos consejos, Gary Puffett, Pat Mazarol, y el pastor Geoff Bohlen. Geoff pronunció un sermón sobre la evangelización del mundo relacionado con mi sueño, y el pastor Shawn Winters predicó sobre las tres parábolas adjuntas a la canción relacionada con mi visión una semana después. Mi buen e íntimo amigo Dan O'Connor, un cristiano muy fiel, estuvo siempre disponible para las conversaciones en Colorado. También debo dar las gracias a David Aeilts, de Wooddale, por sus consejos sobre la estructuración de mi libro, y a Joel y Kay Critzer, de Bible Study, por revisar las primeras versiones. Cuando me atreví a mencionar lo que estaba haciendo a mis amigos, ex compañeros de piso cuando éramos solteros, Buz Anderson, Duane Schley y Carl Johnson, mi ex jefe de Univac, que se unió al grupo, no recibí ni una sola mirada de soslayo. Se convirtieron en valiosas cajas de resonancia a lo largo de los años, según escribía.

Por supuesto, no me atrevo a olvidar mencionar a mi secretaria, Carol, de Univac, hace más de 50 años; ella, al principio, me envió un enlace de Jackie Evancho cantando "To Believe". Al convertirme en un fan instantáneo, busqué sus canciones, que no estaban en sus CDs o DVDs, lo que resultó en la transcripción de un video que *me convenció para escribir este libro*. La canción era "El sueño imposible" y tenía las tres parábolas pegadas al final. Sigo escuchando sus canciones todos los días.

INTRODUCCIÓN

Casi todo el mundo sabe lo suficiente acerca de Dios, Su Hijo Jesús, Su nacimiento, crucifixión, y que Él regresará. Sin embargo, muchos no saben que estamos más cerca del regreso de Jesús de lo que piensan; será durante la vida de sus hijos, si no la suya. Este libro ayudará a educar a los creyentes que piensan que conocen el camino a la Salvación: pero no es así. También ofrecerá a los no creyentes la oportunidad de cambiar de opinión. La narrativa cubrirá los últimos siete años de tribulación hasta que Cristo regrese. Uno no puede dejar de ver el aumento de vitriolo entre las personas y los partidos políticos que resuena con Mateo 24: la escritura que predice estas cosas está en la Biblia. [7] Porque se levantará nación contra nación y reino contra reino. Y habrá hambres, pestilencias y terremotos en varios lugares.

> [9] "Entonces os entregarán a tribulación y os matarán, y seréis aborrecidos de todas las naciones por causa de mi nombre. [10] Y entonces muchos se escandalizarán, se traicionarán unos a otros y se odiarán. [11] Entonces se levantarán muchos falsos profetas y engañarán a muchos".

El recorrido por el libro del Apocalipsis terminará con la victoria de Cristo sobre Satanás. Sin embargo, los estragos de la guerra que conducirán a la batalla final acabarán con más del 50% de la población malvada de la Tierra. Por lo tanto, todo el que quiera sobrevivir debe ser aceptable para Jesús. Descubre lo que esto significa. Nos estamos acercando al final de la semana de Dios, definida en las Escrituras como un día igual a mil años. Es decir, lo que significa que Su semana es de 6000 años. La prueba está disponible con un poco de investigación.

De Adán a Noé.	1656 años
De Noé a Cristo	2340 años
De Cristo hasta ahora	<u>2022 años</u>
	6017 años

La semana de Dios está llegando a su fin. Las profecías de lo que está por venir son horrendas. La estresante existencia actual coincide estrechamente con la predicción de Mateo24 para nosotros. Una persona pensativa querría saber si debe preocuparse por lo que intuitivamente sabe que viene. ¿Por qué otra razón me haría Dios escribir este libro si no fuera para advertirte?

COINCIDENCIAS

"La coincidencia es la forma que tiene Dios de permanecer en el anonimato" Albert Einstein, El mundo tal como yo lo veo. Sin embargo, los incrédulos suelen citar; es casualidad para explicar lo ocurrido por improbable que sea el suceso.

Si uno tirara dos dados para que saliera un siete consecutivamente mil veces, ¿sería aleatorio *o de Dios?* Intuitivamente, sabríamos que es de Dios si viéramos eso. Comparativamente, una *tirada de dados al azar* obtendría tres seises consecutivos de cien tiradas.

Las coincidencias son lo que solemos decir: "Tenía que ocurrir", cosas que suceden e influyen significativamente en nuestras vidas, pero no tenemos ni idea de por qué ocurren. La cita anterior de Einstein se refiere a Dios en un sentido cósmico más que a un Dios personal. Es fascinante cómo Einstein, un descreído de las religiones formales, se convirtió en deísta - un creyente en un Dios creador impersonal, un "Dios Cósmico".

Algunos especulan que como Einstein aceptó reconocer que el universo tuvo un principio, exigió alguna forma de Dios. Un deísta cree en la existencia de un creador que no interviene en el universo. Sus creencias se basaban estrictamente en un razonamiento terrenal que se niega a creer en lo sobrenatural, es decir, en un Dios personal que interactúa con la humanidad. Para muchos creyentes, "no hay accidentes en el universo de Dios... ni en nuestras vidas". Muchas cosas extrañas nos ocurren a todos, dejando la pregunta: "¿Por qué acaba de ocurrir?". Términos como SINCRONICIDAD empiezan a entrar en nuestro vocabulario. La sincronicidad se produce cuando dos o más acontecimientos, que no están relacionados causalmente, en lugar de estarlo, ocurren de forma significativa. Al ser sincrónicos, sería improbable que los hechos ocurrieran juntos por casualidad, pero, contra todo pronóstico, siguen ocurriendo. Muchos creen que hay numerosas leyes o verdades universales en el universo de Dios que nunca se pueden probar positivamente; la "coincidencia" es una de ellas.

DIOS

(Mateo 22:35-40) "Amarás al Señor tu Dios con todo tu corazón, con toda tu alma y con toda tu mente, y amarás a tu prójimo como a ti mismo".

Creencias ateas

Una comunidad atea sostiene que un Dios amoroso y benevolente no condenaría a nadie a existir en un lago de fuego eterno, alegando castigos crueles e inusuales. Como ejemplo, Charles Darwin escribió En su autobiografía respondiendo a la pregunta:

¿Un Dios Amoroso Castigará a la Gente para Siempre en el Hades? «Así, la incredulidad se apoderó de mí a un ritmo muy lento, pero al final fue completa... No puedo entender cómo alguien debería desear que el cristianismo sea verdad, porque si es así, el lenguaje claro del texto parece mostrar que los hombres que no creen... serán castigados eternamente. Y esta es una doctrina atroz".

(citado por Paul Martin, The Healing Mind: The Vital Links Between Brain and Behavior, Immunity *and Disease,* 1997, p. 327)

Esos humanos infinitamente incrédulos podríamos ser nosotros; Darwin atiende a ese sentimiento porque, como mortales, tenderíamos a compartir su aversión contra un castigo tan cruel. Sin embargo, no nos identificaríamos de forma similar con las almas.

Ambas escrituras de Malaquías dicen que la carne se convertirá en rastrojo y será ceniza bajo nuestros pies.

> (Malaquías 4:1): Y todos los soberbios, sí, todos los que hacen maldad serán estopa. Y el día que viene los quemará", dice Yahveh de los ejércitos.

> (Malaquías 4:3): ³Pisotearéis a los impíos, porque serán ceniza bajo las plantas de vuestros pies el día que yo haga esto", dice el SEÑOR de los ejércitos.

La Biblia nos dice que la carne morirá y se convertirá en rastrojo al ser quemada, mientras que el alma sufrirá el dolor eterno del Lago de Fuego.

Sin embargo,

> (Mateo 10) también <u>puede interpretarse</u> de otra manera: ²⁸Y no temáis a los que matan el cuerpo, pero <u>no pueden matar el alma</u>. Temed más bien a Aquel que <u>puede destruir tanto el alma como el cuerpo en el infierno</u>.

En este caso, "destruir" significa estropear, deteriorar, desfigurar, dejar cicatrices, herir o dañar, pero no la inferencia de matar o eliminar.

> Lucas 12:5 aclara esta observación. ⁵"Pero yo os mostraré a quién debéis temer: Temed a aquel que, después de haber matado, <u>tiene el poder de arrojar al infierno</u>; sí, os digo, ¡temedle!

El Hades todavía significa fuego y castigo eternos, como se afirma en la parábola del Rico y Lázaro; es decir, **estar en tormento en el Hades**. Dios ha declarado explícitamente a través de las Escrituras:

(Abdías 1:15): ¹⁵<u>Como hicisteis, os será hecho; Vuestra venganza volverá sobre vuestra cabeza</u>. ¹⁶Porque como bebisteis en mi santo monte, Así beberán continuamente todas las naciones; Sí, beberán y tragarán, Y serán como si nunca hubieran sido: La venganza de Dios por el trato a Israel.

(Mateo 3:12): ¹²Su aventador está en Su mano, y limpiará a fondo Su era, y recogerá Su trigo en el granero; pero quemará la paja [comentario: Almas pecadoras] con fuego inextinguible".

(Lucas 3:17): ¹⁷Su aventador está en Su mano, y limpiará a fondo Su era y recogerá el trigo en Su granero, pero la paja [comentario: <u>Almas pecadoras</u>] la quemará con <u>fuego inextinguible</u>".

La pregunta de Darwin es: "¿Quién hace el juicio sobre la justicia real de un crimen?". Si uno oye que acabará en el Hades, "el fuego inextinguible", si no cree, -¿de quién es la culpa si acaba allí? Todo el mundo tiene libre albedrío: - Yo pensaría que la gente se lo pensaría dos veces antes que ser tan arrogante como para creer que no hay Dios y, por tanto, correr el riesgo de equivocarse. ¿Dónde cree que acabó Hitler después de matar a millones de judíos? ¿Qué castigo habría sido apropiado para él? ¿Quién dicta las normas sobre lo que es necesario? - ¿Darwin u otros humanos? Imagino que la eternidad en el Hades sería mejor disuasión que cualquier castigo puntual, siempre que el destinatario creyera que existe el Hades. Aunque un creyente no tiene por qué preocuparse, el ateo sí lo hace, con razón.

Después de convertirse a los creyentes, algunos Ateos han dicho: *"Prefiero ser cristiano y tener razón que ser ateo y estar equivocado"*. El primero ofrece esperanza; el segundo no ofrece ninguna. Para un Ateo, ¡La tribulación creará muchos conversos! La pregunta de Darwin parece ser una "doctrina terrible" para un Ateo.

Relación de Sangre del Antiguo y Nuevo Pacto

Dios había establecido para Su adoración en el Antiguo Testamento, pero una visión poco clara de las cosas celestiales por venir, enfatizando que la sangre de toros y machos cabríos no podía quitar el pecado, pero implicando que el ritual del derramamiento de sangre era necesario. Jesucristo, en lugar del cordero del sacrificio, daría Su sangre para nuestra _redención_. (Hebreos 10:1-4) nos transporta de la sombra terrenal a la misión divina de Cristo (Hebreos 9:11-14), derramando Su sangre en el propiciatorio de Su Santuario celestial.

> (Hebreos 9:11- 14) [11]Pero Cristo vino como Sumo Sacerdote de los bienes venideros, con el mayor y más perfecto tabernáculo no hecho de manos, es decir, no de esta creación. [12]No con sangre de machos cabríos ni de becerros, sino con su propia sangre entró una vez para siempre en el Lugar Santísimo, habiendo obtenido eterna redención [_para nosotros RVR_]. [13]Porque si la sangre de los toros y de los machos cabríos, y la ceniza de la becerra, _rociando a los inmundos, santifican_ para la purificación de _la carne_, [14]¿_cuánto más la sangre de Cristo_, el cual mediante el Espíritu eterno se ofreció a sí mismo sin mancha a Dios, limpiará vuestras conciencias de obras muertas para que sirváis al Dios vivo?

Solo mediante el **derramamiento de la sangre de Cristo en el propiciatorio** pudo la muerte del Cordero de Dios eliminar las violaciones pecaminosas de la Ley de Dios. Sin embargo, vivimos en un mundo real, no simbólico. Él escribió esas leyes en tablas de piedra, sostenidas debajo del Propiciatorio en el Arca de la Alianza. Como se dijo antes, la sangre de Cristo de Su crucifixión debe encontrar su camino al Propiciatorio para redimir a la humanidad. Esta última afirmación nos lleva a otra pregunta; si somos meras visiones sombrías del cielo, ¿hubo un evento resonante que roció sangre sobre el Propiciatorio durante la crucifixión de Cristo? Sorprendentemente, ¡la respuesta es SÍ! Por cerca de 2600 años, nadie supo la ubicación del Arca. Entonces, el seis de enero de mil novecientos ochenta y dos, un hombre cristiano excepcional llamado Ron Wyatt encontró el Arca de la Alianza. Aunque hay muchos escépticos, su historia es un milagro tan atractivo como cualquiera de los que se encuentran en la Biblia.

La sangre de Jesús en el propiciatorio nos redime y satisface las demandas de la Ley que exigen la muerte del pecador; es decir, la paga del pecado es la muerte. La sangre tenía que ir en el propiciatorio para satisfacer esas demandas: no hay remisión sin derramamiento de sangre.

El procedimiento de la Antigua Alianza

Fue un tiempo en el que Dios preparó a la humanidad para el regreso del Señor proporcionando un procedimiento de adoración definido por Él para que Moisés lo entregara al pueblo. Primero, en una reunión con Moisés en el Monte Saini, Dios le dio a Moisés los diez mandamientos escritos, por Su dedo, en tablas de piedra que definían Sus leyes para vivir sin pecado. A continuación, Moisés colocó esas tablas de piedra en un arca que Dios llamó el Arca de la Alianza. A continuación, presentó las expectativas de Dios a sus seguidores, que accedieron a hacer lo que Dios les pedía. Luego, en Hebreos 9:20-22, Moisés rocía con sangre a sus discípulos para ratificar esa aceptación, utilizando elementos relevantes del santuario y del Arca de la Alianza para aprobar su acuerdo.

(Hebreos 9:20-22) [19]Pues cuando Moisés hubo dicho a todo el pueblo todos los preceptos según la Ley, tomó la ***sangre de los terneros y de los machos cabríos, con agua***, lana

> escarlata e hisopo, y roció tanto el libro mismo como a todo el pueblo ²⁰diciendo: "Esta es la sangre de la Alianza que Dios os ha mandado". ²¹Asimismo roció con sangre tanto el tabernáculo como todos los utensilios del ministerio. ²²Y <u>según la Ley, casi todas las cosas se purifican con sangre,</u> **y sin derramamiento de sangre no hay remisión; es decir, perdón de pecados.**

En el (AT), en el día de la expiación por los pecados personales, la persona traía su ofrenda por el pecado y la mataba con sus manos mientras confesaba sus pecados, transfiriéndolos figurativamente al animal sacrificado. Una vez al año, el Sumo Sacerdote recogía la sangre vivificante de dicho animal sacrificado, que ofrecía por sí mismo y por los pecados del pueblo cometidos por ignorancia. El Sumo Sacerdote rociaba la sangre ritual sobre diversos objetos dentro del Lugar Santísimo y el santuario. Incluía el derramamiento de sangre sobre el propiciatorio del Arca de la Alianza como medio de expiación [*el acto de enmendar o reparar la culpa o la maldad, es decir, la expiación*]; pues es la sangre la que hace expiación por el alma.

> (Levítico 17:11) ¹¹Porque la vida de la carne está en la sangre, y yo os la he dado sobre el altar para hacer expiación por vuestras almas; porque es la sangre la que hace expiación por el alma:

es decir, **la muerte del pecador representada por la sangre satisface las exigencias de la Ley**.

Uno podría preguntarse, ¿se refiere la Escritura anterior a la sangre animal o a la sangre de Cristo? Dado que es en la época de Moisés, se trataría de sangre animal. La sangre animal solo cubriría *temporalmente* los pecados del pueblo durante este período. Los sacerdotes repetirían el acto anualmente en el día de la expiación.

(Hebreos 10:1-4) Porque la Ley, teniendo la sombra de los bienes venideros, y no la imagen misma de las cosas, nunca puede con estos mismos sacrificios, que ofrecen continuamente año tras año, hacer perfectos a los que se acercan. ²Pues entonces, ¿no habrían dejado de ofrecerse? Los adoradores, una vez purificados, ya no tendrían conciencia de los pecados. ³Pero en esos sacrificios, cada año hay un recuerdo de los pecados. ⁴*<u>Porque no es posible que la sangre de toros y machos cabríos quite los pecados</u>*.

Resumen de la Antigua Alianza

- La ley mosaica de la Antigua Alianza solo cubría a Israel; los diez mandamientos cubrían a todos
- El pecador tenía que transferir figurativamente el pecado a un animal matándolo mientras se arrepentía de su pecado
- El Sumo Sacerdote, que repetía anualmente la aspersión de la sangre del animal sobre el Arca, legaba el perdón al pecador por el año - Pero tenía que ser
- La Ley escrita por Dios en tablas de piedra, los Diez Mandamientos, residía en el Arca de la Alianza en el Lugar Santísimo.
- ***<u>Rociar la sangre del sacrificio en el Arca satisfacía las exigencias de la Ley</u>*** *que demandaba la vida del pecador*

La Nueva Alianza (redención del pecado)

la **Nueva Alianza**, la persona busca el perdón de Jesucristo a través de la oración, a menudo usando la Oración del Señor, que enfatiza las condiciones de confesión, arrepentimiento y perdón. Dios había dado a su único Hijo a la humanidad. Él reemplazó al cordero del sacrificio del Antiguo Pacto en un evento y aceptó los pecados del mundo dando Su vida en la crucifixión.

(Juan 3:16) ¹⁶Porque de tal manera amó Dios al mundo, que ha dado a su Hijo unigénito, para que todo aquel que en Él cree, no se pierda, mas tenga vida eterna.

(1 Pedro 1:18-19) ¹⁸sabiendo que no fuisteis rescatados con cosas corruptibles, *como* plata u oro, de vuestra conducta sin rumbo *recibida* por tradición de vuestros padres, **sangre preciosa de Cristo, como de un cordero sin** *mancha* **y sin contaminación.**

Cuando Cristo dijo que El vino a cumplir la Ley, las leyes Mosaicas fueron cumplidas a través de Su nacimiento, muerte y resurrección y se volvieron obsoletas cuando Dios puso esas reglas en los corazones y mentes del hombre reemplazando lo viejo con lo nuevo.

(Mateo 5:17) ¹⁷"No penséis que he venido a destruir la Ley o los Profetas. No he venido a destruir, sino a cumplir.

Al preparar la Nueva Alianza, Dios le dice a Jeremías:

(Jeremías 31:33) ³³Pero éste es el pacto que haré con la casa de Israel después de aquellos días [*comentario*: OT], dice Yahveh: *pondré mi Ley en su mente y la escribiré en su corazón, y yo seré su Dios y ellos serán mi pueblo.*

(Gálatas 3:28) ²⁸Ya no hay judío ni griego; no hay esclavo ni libre; no hay hombre ni mujer; *porque todos vosotros sois uno en Cristo Jesús.*

Por lo tanto, el **Nuevo Pacto** es para toda la humanidad, mientras que el **Antiguo Pacto** cubría principalmente a Israel a través de la Ley Mosaica. La sangre de la crucifixión de Jesús sustituyó a la sangre del animal sacrificado: Él se convirtió en el Cordero de Dios y en el Santo Sacerdote y Mediador, suplicando el perdón de Su pueblo basado en Su sangre dada en el Calvario rociada en el Arca de la Alianza. **La muerte de Cristo perfecciona a los santificados.**

(Hebreos 10:11-18) ¹¹Y todo sacerdote está ministrando diariamente y ofreciendo repetidamente los mismos sacrificios, los cuales nunca pueden quitar los pecados. ¹²Pero éste, después de ofrecer un solo sacrificio por los pecados para siempre, se sentó a la diestra de Dios, ¹³esperando desde entonces hasta que sus enemigos sean puestos por estrado de sus pies. ¹⁴Porque con una sola ofrenda hizo perfectos para siempre a los santificados. ¹⁵Pero también el Espíritu Santo nos da testimonio; porque después, antes había dicho,

"Este es el pacto que haré con ellos después de aquellos días, dice el SEÑOR: Pondré mis leyes en sus corazones, y en sus mentes las escribiré" [a] ¹⁷*luego añade*: "Nunca más me acordaré de sus pecados y de sus obras inicuas"[b] ¹⁸. Ahora bien, donde hay remisión, ya no *hay* ofrenda por el pecado.

El procedimiento de la Nueva Alianza

Bajo el Nuevo Pacto, el pecador confiesa su pecado de palabra, pensamiento y obra y se arrepiente de sus iniquidades para pedirle perdón a Jesús. Dios ha transferido Sus Leyes a nuestros corazones y mentes al cambiar el Antiguo Pacto por el Nuevo. Nuestros cuerpos cristianos ahora se convierten en el templo del Espíritu Santo, que Dios compró con la sangre de Su Hijo. Tenemos libre albedrío para elegir el camino de nuestra vida, por lo que nuestra conciencia siempre nos dirá si somos pecadores o no: las decisiones son nuestras. Siguiendo ese pensamiento, la Biblia dice que debemos "nacer de nuevo" para ver el Reino de los Cielos, lo que significa que nos despojaremos de nuestro ser pecaminoso y naceremos espiritualmente de nuevo en el cuerpo de Cristo. Para lograrlo, debemos:

> **(Romanos 10:9)** Si confesares con tu **boca** que Jesús es el Señor, y creyeres en tu corazón que Dios le levantó de los muertos, serás salvo.

Por último, debemos pedir siempre a Jesús que entre en nuestro corazón para guiarnos. Existen muchas filosofías diferentes sobre el perdón de los pecados. Algunos creen que si uno cree en Cristo, eso es todo lo que necesitamos para la Salvación. Contrario a las enseñanzas de las escrituras, otros humanizarán la interpretación para alinearla con sus pensamientos. Mi creencia personal es que el pecado es pecado, es pecado. Requiere arrepentimiento, junto con pedir perdón. El mensaje que llama al arrepentimiento no ha cambiado desde Juan el Bautista. El camino del Hades es más amplio que el del cielo, ya que muchos siguen interpretaciones erróneas.

Como cristiano ocasional, pensaba que iría al cielo sin conocer los pasos divinos necesarios de mi viaje. Ahora creo que si uno confía en Cristo y lucha contra los impulsos de pecar, aunque fracase, la misericordia de Dios los sostendrá - hasta cierto punto. Solo Dios sabe cuándo puede ser eso, y puede castigarte. Mi viaje ha tenido algunos éxitos, pero todavía soy una obra en progreso.

> (Hebreos 13:20), [20]por la sangre de la alianza eterna

> (2 Corintios 3:11), lo que queda es mucho más glorioso.

> (2 Corintios 3:6) [3] .... escritas no con tinta, sino por el Espíritu del Dios vivo, no en tablas de piedra, sino en tablas de carne, es decir, del corazón.

(1 Corintios 6:19-20) [19]¿O no sabéis que vuestro cuerpo es templo del Espíritu Santo que está en vosotros, el cual tenéis de Dios, y que no sois vuestros? [20]Porque habéis sido comprados por precio; glorificad, pues, a Dios en vuestro cuerpo[a] y en vuestro Espíritu, el cual es de Dios.

Resumen de la Nueva Alianza

La Nueva Alianza abarca a toda la humanidad

- *Cristo se convirtió en el Cordero sacrificial de Dios que dio su vida por la humanidad **derramando su sangre en la cruz**. El pecador se arrepentía y pedía perdón a Cristo, el Cordero, para aceptar su pecado.*
- Cristo, Sumo Sacerdote en el cielo, se convirtió en el mediador entre el pecador y Dios.
- *En la Antigua Alianza, **para cumplir las exigencias de la Ley, Cristo tendría que hacer rociar su sangre y su agua sobre el Arca de la Alianza para la remisión de los pecados**.*
- Coincidiendo con Su muerte, de forma similar a la aspersión que ocurría con la sangre de los animales justo después de su muerte, Jesús dio Su sangre por los pecados de la humanidad.
- El hombre se convirtió en el templo de Dios porque Dios implantó los mandamientos en nuestras mentes y corazones junto con el Espíritu Santo.
- De alguna manera la **Rociadura de la sangre sacrificial de Cristo en el Arca debe haber ocurrido para satisfacer las demandas de la Ley** que exigía la vida del pecador.

La pregunta restante es, ¿cómo se derrama la sangre de Jesús en el propiciatorio del Arca cuando durante aproximadamente 2600 años, nadie sabía dónde estaba; -- hasta hace poco?

La "Contenciosa" Tierra Prometida

¿Por qué Dios tomó la tierra de los _cananeos_ y se la dio a los judíos como la Tierra Prometida? Lo sabrías si tuvieras una brújula basada en la palabra de Dios: Los cananeos eran tan pecadores a los ojos de nuestro Padre que creían que no había nada que no pudieran hacer. Por lo tanto, no obedecieron los principios y mandamientos de nuestro SEÑOR DIOS. En vez de eso, hacían de todo, desde sacrificios de niños hasta prostitución en el templo, adoración a múltiples dioses, bestialidad, y cualquier otra perversión, etc., que pudieran imaginar. No solo eso, sino que sabían que Dios era consciente de lo que estaban haciendo y aún así se contentaban con adorar a sus muchos dioses, no al DIOS que contaba. Debido a que la furia de Dios ordenó a Moisés que le dijera a Josué que destruyera toda vida, "todo lo que respira" en las ciudades cananeas, Josué lo hizo; aunque esto suena extremo, debemos darnos cuenta de que el pecado es como el cáncer. Satanás es el destructor, donde la paga del pecado es la muerte, mientras que el Dios vivo da vida eterna. No puede haber más compromiso que pedir al pecador que se arrepienta, renuncie a su pecado y pida perdón. Los matrimonios mixtos en una cultura pecaminosa propagarán ese pecado a niños vulnerables que no son conscientes de lo que está sucediendo. Los cananeos tuvieron la oportunidad de cambiar; no lo hicieron y, como resultado, perdieron su tierra.

Dios El Aquí, Más Allá:

La historia comienza con el antiguo debate sobre la promesa de Dios en su pacto con Abraham. La tierra prometida de Canaán fue un regalo de Dios a Abraham y sus descendientes. La frontera meridional es el territorio abarcado definido por una línea que une el Mediterráneo yendo hacia el sur a través del río Wadi de Egipto, enlazando con la ciudad de Eilat en la punta del Mar Rojo. La frontera norte se extenderá desde el Gran Mar o el Mediterráneo a través de Líbano y Siria hasta el norte del río Éufrates. La frontera oriental es una línea que parte del río Éufrates en el norte y se extiende hacia el sur, pasando por Damasco, a lo largo de las laderas del lado oriental de Galilea. En la actualidad, esta zona son los Altos del Golán; después, la frontera vuelve al punto de partida de la punta del Mar Rojo.

> (Deuteronomio 1:6-8): "Yahveh, nuestro Dios, nos habló en Horeb, diciendo: Ya habéis morado bastante tiempo en este monte.[7] Volveos y emprended el camino, e id a los montes de los amorreos, a todos los lugares vecinos de la llanura, en las montañas y en las tierras bajas, en el sur y en la costa del mar, a la tierra de los cananeos y del Líbano, hasta el gran río, el río Éufrates. [8] Mirad, he puesto la tierra delante de vosotros; entrad y poseed la tierra que Yahveh juró a vuestros padres -a Abraham, Isaac y Jacob- que les daría a ellos y a sus descendientes después de ellos.

> (Amós 9:14-15): [14]Yo haré volver a los cautivos de mi pueblo Israel; Edificarán las ciudades desiertas y las habitarán; Plantarán viñas y beberán vino de ellas; Harán también huertos y comerán fruto de ellos. [15]Los plantaré en su tierra, Y nunca más serán arrancados De la tierra que les he dado, "Dice Yahveh tu Dios".

Dios tenía la intención de que Israel heredara la tierra dentro de las fronteras y fuera fructífero y se multiplicara siempre y cuando obedeciera la Ley Mosaica. Dios bendeciría abundantemente a la nación pero les advirtió que desobedecer la Ley maldeciría a Israel. Israel no habita por completo su "Tierra Prometida" porque no estuvo a la altura de las expectativas de Dios. ¿Qué hay de los árabes - qué les dio Dios? Según consta en la Biblia, ¿tienen derecho a disputar la tierra que Dios les regaló?

Dios se centró tanto en su pueblo elegido que se puede ver a los árabes ignorados en las Escrituras proféticas. Él había bendecido y prometido que todos los hijos de Abraham se multiplicarían como granos de arena y poblarían la tierra, y así lo han hecho. Muchos países árabes son ricos en petróleo pero están gobernados por monarquías que no comparten la riqueza con sus poblaciones. El linaje árabe comienza cuando Abraham concibe un hijo con Agar, la sierva egipcia de su esposa. Ismael se convirtió en el hijo de Agar como resultado de esa unión. Dios prometió hacer fructífero a Ismael y multiplicar en gran manera su descendencia, creando una "gran nación" (Génesis 17:20). A través de la ascendencia de Ismael y Esaú, la línea árabe aumentaría por toda la tierra. En la actualidad, la población árabe es de unos 175 millones de personas que ocupan una superficie total cercana a los 5,3 millones de millas cuadradas, gran parte de ellas tierras ricas en petróleo.

En contraste, el estado judío tiene alrededor de 4 millones de personas en solo unas 8.000 millas cuadradas. Parece que los árabes han salido ganando, ¿por qué tanto odio? La culpa es una cuestión familiar: el linaje de Isaac, José, David, etc., se convirtió en el pueblo elegido de Dios. La semilla de Isaac produciría al Mesías, mientras que los descendientes de Ismael o Esaú producirían a los árabes y, muy probablemente, al Anticristo.

DIOSES CONTRA SATANÁS

Comprendiendo que las cualidades del Anticristo son la antítesis de la santidad de Cristo, los siguientes atributos del Anticristo son lo opuesto:

- eterno,
- infinito,
- autoexistente,
- más allá de la comprensión humana,

- omnipresente,
- omnisciencia
- (omnisciente),
- incomprensible,
- inmutable,
- todopoderoso,
- es puro amor,
- paciente,
- santo,
- sentencioso,
- justo,
- Él es capaz de celos e ira contra los pecadores no arrepentidos mientras que es capaz de abundante Gracia para aquellos que le aman y obedecen. (Gálatas 5:19-21) enumera a aquellos que no heredarán el reino de Dios.

El Deseo de Dios

De estar con nosotros
La Biblia nos dice que la puerta del cielo es estrecha, mientras que la del Hades es inmensa. Todos somos Sus hijos: Su dolor sería infinitamente insoportable cuando, por su elección, la mayoría de Sus hijos se envían a sí mismos a la destrucción porque no aceptan Su amor ni Su guía. La motivación de mis hijos debe ser asegurarse de que saben lo que deben hacer para llegar al cielo. Pensar que si yo fuera lo suficientemente bueno para llegar allí y algunos de mis hijos no, mi dolor sería igualmente insoportable. En comparación, el dolor, la angustia y la pena de Dios tendrían que ser indescriptibles.

Lo que Él quiere de nosotros

Como creyente en Dios, entonces, ¿qué quiere Él? Concretamente: Que lleguemos a ser como Jesús en palabra y obra-.

(Romanos 8:28-31): ²⁸Y sabemos que a los que aman a Dios, todas las cosas les ayudan a bien, esto es, a los que conforme a su propósito son llamados. ²⁹Porque a los que antes conoció, también los predestinó para que fuesen hechos conformes a la imagen de su Hijo, para que él sea el primogénito entre muchos hermanos. ³⁰Y a los que predestinó, a estos también llamó; y a los que llamó, a estos también justificó; y a los que justificó, a estos también glorificó.

(Juan 14:12-14): ¹²"De cierto, de cierto os digo: El que en mí cree, las obras que yo hago, él las hará también; y aun mayores hará, porque yo voy al Padre. ¹³Y todo lo que pidiereis al Padre en mi nombre, lo haré, para que el Padre sea glorificado en el Hijo. ¹⁴Si algo pidiereis en mi nombre, yo lo haré.

(Juan 14:15-23,15): ¹⁵"Si me amáis, guardad mis mandamientos¹⁶ Y yo rogaré al Padre, y os dará otro Consolador, para que esté con vosotros para siempre;¹⁷ el Espíritu de verdad, al cual el mundo no puede recibir, porque no le ve, ni le conoce; pero vosotros le conocéis, porque mora con vosotros, y estará en vosotros. ¹⁸No os dejaré huérfanos; vendré a vosotros. ¹⁹"Dentro de poco el mundo ya no me verá, pero vosotros sí me veréis. Porque yo vivo, vosotros también viviréis. ²⁰En aquel día conoceréis que yo estoy en mi Padre, y vosotros en mí, y yo en vosotros.²¹El que tiene mis mandamientos y los guarda, ése me ama. Y el que me ama, será amado por mi Padre, y yo le amaré y me manifestaré a él". ²²Judas (no Iscariote) le dijo: "Señor, ¿cómo es que te manifestarás a nosotros y no al mundo?". ²³Respondió Jesús y le dijo: "Si alguno me ama, guardará mi palabra, y mi Padre lo amará, y vendremos a él y haremos morada en él. ²⁴El que no me ama, no guarda mis palabras; y la palabra que oyes no es mía, sino del Padre que me envió.

La Biblia nos dice que somos hijos de Dios, y Él quiere nuestro amor, compañía y obediencia bajo Sus condiciones.

> (2 Corintios 6:15-18): lo define mejor donde el apóstol Pablo describe el deseo de Dios: [16]¿Y qué acuerdo tiene el templo de Dios con los ídolos? Porque vosotros sois el templo del Dios vivo. Como Dios ha dicho: "Habitaré en ellos Y andaré entre ellos, Seré su Dios, Y ellos serán mi pueblo". [17]Por tanto, "Salid de en medio de ellos Y apartaos, dice el SEÑOR. No toques lo inmundo, Y yo te recibiré". [18]"Yo seré un Padre para ustedes, Y ustedes serán Mis hijos e hijas, Dice el SEÑOR Todopoderoso".

Con ese fin, Dios proveyó a los creyentes con el Espíritu Santo que mora en nosotros para que sea un Consejero que nos guíe.

> (Hechos 2:38): [38]Entonces Pedro les dijo: Arrepentíos, y que cada uno de vosotros sea bautizado en el nombre de Jesucristo para perdón de los pecados, y recibiréis el don del Espíritu Santo.

A diferencia de los tiempos del Antiguo Testamento, donde cualquier comunicación con Dios era a través de los sacerdotes y profetas, ahora podemos llegar a Él a través de oraciones personales con la ayuda del Espíritu Santo que mora en nosotros. Sin embargo, los incrédulos con corazones endurecidos no tenían este don, solo aquellos que aceptaban a Cristo. Entonces, ¿cómo se explican sus otras condiciones?

Fe, amor y obediencia:

Tal vez el mejor ejemplo de lo que Dios espera de nosotros sea la respuesta de Abraham a la petición de Dios de que entregara a su Hijo, Isaac, como un ser humano sacrificio humano a Dios.

> (Génesis 22:2): ²Entonces le dijo: "Toma ahora a tu hijo, tu único *hijo* Isaac, a quien amas, y vete a la tierra de Moriah, y ofrécelo allí en holocausto sobre uno de los montes de los que yo te hablaré".

Abraham respondió con obediencia inmediata e incuestionable, pero se aseguró del profundo amor de Abraham por Él y retiró la petición cuando Dios vio esto. La obediencia de Abraham a la petición de Dios le dio la gloria que Él merece y es un ejemplo para todos nosotros sobre cómo glorificar a Dios. Abraham sabía que si sacrificaba a Isaac, Dios lo devolvería a la vida. Dios le prometió a Abraham que la descendencia de Isaac "será contada", lo que significa que Isaac debe estar vivo para poblar la tierra con la simiente de Abraham.

Nuestro mensaje es que Dios espera fe y obediencia inmediatas e incuestionables.

> (Romanos 6:23): ²³Porque la paga del pecado *es* muerte, pero la dádiva de Dios es vida eterna en Cristo Jesús, Señor nuestro.

Si obedecemos a Dios y tenemos fe en Jesucristo, tenemos la promesa de la vida eterna en el Cielo con Dios: Si no, podemos esperar una eternidad en los infiernos. Es importante notar que la obediencia o vivir una vida como Cristo no es un trabajo pesado. (Esa es la mentira fundamental de Satanás Ver Génesis 3.) La obediencia a Cristo es encontrar nuestro lugar en el gran esquema de las cosas. Utiliza la pieza tal como el ingeniero la diseñó. Dios nos creó para "amarle y gozar de él para siempre" [del Catecismo Menor de Westminster].

NUESTRA SALVACIÓN

Las siguientes dos escrituras pueden ser algo engañosas;

(Juan 3:16) dice: que todo el que *cree en Él* no se pierda, sino que tenga vida eterna. Y (Juan 5:24) -- y *cree en Él*, que me envió tiene vida eterna.

Ellos afirman que uno solo tiene que "creer" para ser salvo. Durante muchos años, yo había aceptado una definición simple de "creer", que proclamaba que yo creía en Cristo, que Él había existido y resucitado de entre los muertos. Sin embargo, esa interpretación sería demasiado estrecha comparada con el contexto del resto de la Escritura. En este caso, la palabra significa abrazar la Revelación completa en los evangelios que describen a Cristo, incluyendo la necesidad de obediencia y dejar que Él guíe tu vida. No se puede separar la fe de la obediencia. Solo podemos permanecer en Él y en su amor guardando sus mandamientos, permitiendo así una relación personal con Él. La Biblia proporciona criterios para permanecer en su Gracia. De lo contrario, como dijo Jesús, "seremos arrojados al fuego" sin creer. Sin embargo, si tenemos un pasado de pecado,

Dios todavía puede elegir salvarnos en el día del juicio a través de su infinita gracia y misericordia. En su crucifixión, Cristo salvó a un criminal que estaba a su lado en la cruz por defenderle de los otros condenados que le lanzaban improperios diciendo: "¿No eres tú el Cristo? Sálvate a Ti mismo y a nosotros". El otro le reprendió y le dijo a Jesús: "¡Acuérdate de mí cuando vengas en Tu reino!". 43 Jesús le contestó: "¡En verdad te digo que hoy estarás conmigo en el Paraíso!"

Se nos garantiza la Salvación al despojarnos de nuestros viejos pecados para "nacer de nuevo"? Con un corazón sincero, debemos creer fielmente que Jesucristo fue crucificado, murió y, después de tres días, resucitó de entre los muertos para sentarse a la diestra de Dios. Como candidatos a la salvación, debemos permitir que Jesús y el Espíritu Santo nos guíen para siempre en lugar de aceptar nuestra tendencia a controlar.

En un intento a medias, no necesariamente sucedería todo de una vez. Probablemente habrá momentos en los que tendrás que arrepentirte por no ser capaz de superar instantáneamente los hábitos pecaminosos. La vida no se volverá más cómoda, y todavía tendremos que lidiar con nuestros problemas y dificultades cotidianas. Sin embargo, abordaremos los problemas de manera diferente con nuestros corazones cambiados y encontraremos soluciones reales y duraderas esta vez. Una relación amorosa con Cristo a lo largo de nuestras vidas le permitirá guiarnos y revelarnos verdades que nunca antes habíamos conocido. Los hechos impactantes proporcionarán muchas más ideas sobre los problemas de la vida de lo que se creía posible. Sin embargo, aun sin entender completamente estas soluciones, veremos que Él nos guió paso a paso hacia la seguridad en un proceso llamado santificación. Este acontecimiento tiene lugar cuando Dios nos convierte en la imagen de Cristo haciéndonos "una obra en proceso" que solo se completa cuando nos unimos a Él en el cielo. Pero el Todopoderoso lo logrará.

> (Filipenses 1:6): [6] estando persuadidos de esto mismo, que <u>el que comenzó en vosotros la buena obra</u>, la perfeccionará hasta el <u>día de Jesucristo</u> (Su regreso y juicio).

Hemos desechado nuestra vieja naturaleza pecaminosa para convertirnos en una nueva persona en Cristo, por lo que somos "nacidos de nuevo". Nos equivocaríamos si asumiéramos que, aunque afirmáramos tener fe en Dios y en Cristo, Él no esperaría que los adoráramos. Podríamos haber pensado que éramos lo suficientemente buenos. Por el contrario, necesitamos experimentar una crisis de fe para preguntarnos si estamos dispuestos a hacer un esfuerzo constante para reemplazar el viejo yo. La respuesta requiere acción y energía. Dios quiere que nos entreguemos a nosotros mismos, como un sacrificio vivo, dejando a un lado diariamente los deseos personales y mundanos para seguirle a Él en su lugar, dándole toda nuestra energía para Su disposición mientras confiamos en que Él nos guiará. Hacemos esto por amor a Cristo, a quien hemos invitado a entrar en nuestros corazones, agradecidos de que Su sacrificio haya perdonado nuestros pecados.

Nacer de Nuevo

El plan eterno de Dios es que muchas almas se conviertan en creyentes en Él y no en Satanás. Para ello, la humanidad debe "nacer de nuevo" despojándose de todo pecado y obedeciendo los principios y estatutos de nuestro Señor. Alcanzar esta meta es el acontecimiento más importante de nuestras vidas: asegurará la vida eterna con Dios y Jesucristo en Su Reino Celestial. Por eso escribo este libro. El proceso de aventar decidirá si los candidatos "buenos" cumplen con la norma bíblica para ser "nacidos de nuevo", por lo que el Libro Celestial de la Vida incluirá sus nombres. Todos estamos predestinados a pasar por este proceso de filtrado para ver quién se unirá a Dios en el Cielo, seguido por el reinado milenario de Su Hijo en la Tierra.

Las escrituras que afirman que no podemos entrar en el reino de los cielos a menos que "nazcamos de nuevo" suscitan la pregunta: ¿qué significa eso y qué hay que hacer para alcanzar ese estado? *Cuando entregamos nuestras vidas a Cristo, creemos en Él y aceptamos vivir una vida justa y santa, obedecerle y pedirle verbalmente en nuestros corazones que nos guíe para siempre. Habiendo hecho eso, llegaremos a "nacer de nuevo"*. Nuestro pacto con El en nuestra nueva vida naturalmente producira buenas obras. Si hemos alcanzado ese estatus en la tierra y continuamos viviendo una vida piadosa, habremos reservado nuestro boleto de rapto al cielo cuando muramos.

El término "obras" ha causado cierta preocupación en los círculos religiosos de que estamos obligados a tener "obras" así como "fe" para ser salvos: es decir, que necesitamos "obras" junto con la fe para entrar en el cielo. Sin embargo, Santiago 2:14-17 afirma que la fe sin obras está muerta, mientras que Romanos 3:28 afirma: [28] *Porque sostenemos que uno es justificado por la fe sin las obras de la Ley*. Santiago nos dice que debemos tener fe más obras, pero Romanos dice que somos justificados solo por la fe. ¿No están en conflicto estas escrituras?

En efecto, debemos tener fe en la Salvación de Cristo: pero ¿qué hay de las "obras"? Todo depende de la motivación que entrega las "buenas obras". Si estamos en Cristo, y Él está en nosotros, nuestras buenas obras son una consecuencia de nuestro amor y creencias y *no una obligación*. La distinción es lo que el hombre hace por amor a Dios, y Cristo al "nacer de nuevo" apuntala la creación de una vida cambiada que entrega buenas obras. Así, no vemos fe más obras, *sino buenas obras a causa de la fe. Como el cuerpo sin el Espíritu está muerto, la fe, sin obras, está muerta*. Un cristiano que no puede dar cuenta de "buenas obras" no es "nacido de nuevo".

>(**Santiago 2:18**) Pero alguien dirá: "Tú tienes fe, y yo tengo obras". Muéstrame tu fe sin tus obras, y yo te mostraré mi fe por mis obras.

>(**Santiago 2:26**) [26]Porque como el cuerpo sin Espíritu está muerto, así también la fe sin obras está muerta.

Debemos conocer todos los prerrequisitos Bíblicos para obedecer y seguir las leyes de Dios para calificar como "nacidos de nuevo". Todas nuestras "buenas obras" serán en vano si nos equivocamos. El terrible error es que pensemos que hemos "nacido de nuevo", pero no es así. Tal vez nos hemos olvidado de perdonar, o juzgado a otros, mentido acerca de la gente, o Satanás nos ha engañado, etc. La lista es larga.

El camino al cielo es estrecho, mientras que el camino al Hades es todo lo contrario. Me identifico porque incluso a una edad muy temprana, en mis veinte años, mientras era un cristiano "C" y "E", yendo a la iglesia tal vez dos veces al año en Navidad y Pascua, sentía que iría al cielo. Estaba equivocado. Por lo tanto, el punto de referencia crítico para la Salvación es entender el umbral Bíblico. Cristo debe hacer esa distinción, no usted.

Comparada con la 1ra resurrección de todos los creyentes al regreso de Cristo, la 2da resurrección para el resto de los muertos no ocurriría hasta que los mil años terminaran. Dios y Cristo destruirían a Satanás por fuego cuando fuera liberado.

Entonces Dios y Cristo arrojarían al Diablo al lago de fuego para unirse al Anticristo y al Falso Profeta.

El resto de los muertos estarían ante Dios en el Juicio del Gran Trono Blanco, esperando sentencia de acuerdo a sus actos registrados en *el Libro* de la Vida. Pero si no había nombres, Cristo los arrojaba al Lago de Fuego.

"¿Qué debo hacer para salvarme?", tomado de "Walvrood", repite en cierto modo lo anterior. Es un excelente estudio sobre lo que se necesita porque entender esto es la misión principal del libro. La repetición puede aclarar lo que quizá no haya sido evidente para algunos en la descripción anterior. Algo parafraseado es su siguiente trabajo.

Gracia

Al discutir el hermoso plan de salvación de Dios, el apóstol Pablo lo resume en tres versículos: "Porque la gracia salva por la fe y la fe en Jesucristo. - Es un regalo de Dios - no por las buenas obras que uno hace, así que uno no puede jactarse de buenas obras siendo responsable, sino que Dios generosamente ha otorgado Su regalo sobre nosotros.

La "Gracia" nos salva de ir al Hades. Aunque "Gracia" tiene diferentes significados relacionados con la Salvación, habla de la bondad concedida a quien no la merece. En otras palabras, la Gracia derrama favor sobre aquellos que no lo justifican. En la Gracia, la cuestión no es si una persona merece el apoyo o la bendición, sino solo si el juicio la calificó para tal favor. Cada instancia que menciona la Gracia se debe enteramente al favor de Dios, no a las obras individuales, es decir, a las Buenas Acciones.

A través de la Fe

Dios otorga gracia a aquellos que ejercen fe en Jesucristo. Sin embargo, esto introduce una pregunta apropiada en cuanto a lo que significa la fe. Para los observadores cuidadosos de las iglesias de hoy, es evidente que muchos han hecho alguna profesión externa de fe en Cristo, pero nunca han "nacido de nuevo.". Por lo tanto, necesitan evidencia para merecer la Salvación. ¿Cómo puede uno saber si ha puesto su fe en Cristo o no? De acuerdo a:

> (Santiago 2:19) [19]Tú crees que hay un solo Dios. Haces bien. Hasta los demonios creen - ¡y tiemblan! De este pasaje, hay fe que salva y fe que no salva, como evidencia que aun los demonios creen que Dios existe, pero ellos visiblemente no experimentan la Salvacion por solo esa creencia.

Una persona no salva debe entender que aunque es pecador, como todos los hombres lo son, esto constituye solo una parte de su condenación ante Dios. Un pecado que le impide entrar en la gracia y el favor de Dios es la incredulidad. En consecuencia, debe entender que la Salvación es solo por la fe. También necesita instrucción sobre el tema de la justicia. Las Escrituras muestran diferentes tipos de justicia, como la falsa adoración de las obras personales. Las Escrituras aclaran que cualquier acción individual que ofrezcamos como pago, aunque sea digna, no nos califica para la Salvación.

> (Isaías 64:6) Dice, ⁶Pero todos nosotros somos como suciedad, Y todas nuestras justicias como trapo de inmundicia; Todos nos marchitamos como la hoja, Y nuestras iniquidades, como el viento, Nos han llevado.

El pecador no debe aprender nada menos que la justicia de Dios que le permitirá la redención.

A través de la Creencia y el Compromiso

Uno debe considerar la Salvación y el trabajo preparatorio requerido del Espíritu Santo antes de la Salvación. Simplemente estar de acuerdo con los hechos Bíblicos y creer mentalmente que Cristo murió por los pecados del mundo no alcanza el umbral aceptable para la "Fe Salvadora" necesaria para la Salvación. En otras palabras, la creencia <u>racional sin un compromiso de tener fe y confianza en Cristo sin arrepentirse cuando uno falla en obedecer Sus leyes es insuficiente.</u>

El pecador que llega a Cristo debe entender que requiere más que asentimiento - requiere un acto de toda la persona. Esta acción puede involucrar la mente y las emociones, o la sensibilidad, y sobre todo, consiste en la voluntad. La fe es un paso autorizado por el libre albedrío, es decir, comprometerse en la fe en Cristo.

En consecuencia, la fe en Cristo es un acto de toda la persona en la Escritura. Involucra la obra del Espíritu en la convicción de pecado y justicia y juicio, y significa la habilitación especial de Dios a uno espiritualmente muerto para creer en Cristo. Este tipo de creencia es lo que la Biblia define como "fe salvadora".

Debe necesitar la acción de uno y un acto de Dios para llevarlo a la consumación. Las Escrituras hacen comprensible que no la fe más las obras, sino la fe que produce obras, resulta en la Salvación de un individuo. El Padre debe atraer al pecador que busca a Él, porque Jesús dijo;

> (Juan 6:44): [44]Nadie puede venir a mí, si el Padre que me envió no le trajere; y yo le resucitaré en el día postrero. Debe haber la obra de convicción del Espíritu, y luego la persona debe responder por un acto de su voluntad, facultada por Dios, para poner su confianza en Cristo como su Salvador.

Requiere un compromiso personal con Dios y Jesucristo obedeciéndolos y arrepintiéndonos cuando nos quedamos cortos pidiendo perdón y teniendo fe y creencia.

PREOCUPACIONES DE DIOS

Estadísticas religiosas

El cristianismo es la única religión que ofrece un Dios que sacrificó a su **Hijo unigénito para pagar por los pecados de la humanidad. El 85% de la población mundial afirma tener alguna** fe religiosa, pero solo el 31% ha elegido el cristianismo.

Dada una población mundial de unos 7.300 millones en 2015, entonces 6.200 millones representan el 85% que cree en alguna religión. El porcentaje cristiano da aproximadamente un treinta y uno por ciento multiplicado por 7.300 millones, lo que equivale a unos 2.200 millones de cristianos. Sin embargo, solo la mitad o unos 1.100 millones cumplen la norma de salvación de ser "nacidos de nuevo". Esto deja (7.3-1.1) = 6.2 billones para pasar por la Tribulación. Pg 45 https:// www. pewresearch . org/fact-tank/2017/04/05/christians-remainworlds-largest-religious-group-but-they-are-declining-in-europe/

Los países musulmanes de Oriente Medio conforman el mayor grupo de naciones no alcanzadas. Los estadounidenses que no se identifican con la religión siguen aumentando rápidamente, en torno a un 1% anual desde 2007. Aproximadamente una quinta parte de la población estadounidense -y un tercio de los adultos menores de 30 años- no están afiliados religiosamente en la actualidad. Esta cifra es el porcentaje más alto jamás visto en las encuestas del Pew Research Center (Pew Research Religion & Public Life Project, 2010). Entonces, ¿por qué es tan difícil convencer a la gente de que Dios es la mejor respuesta a todos los problemas? Todos deberíamos hacernos esa pregunta. Especialmente preocupante es que el número de no creyentes no afiliados está creciendo entre las generaciones más jóvenes. http://joshuaproject.net/global_statistics

El ateísmo frente al cristianismo

En 1927, el ateo Bertrand Russell dijo en su disertación "Por qué no soy cristiano" respecto a la existencia del universo **"La idea de que las cosas deben tener un principio se debe realmente a la pobreza de nuestra imaginación"**.

Con la experiencia adquirida desde entonces, los físicos de hoy argumentarían su "Teoría del Big Bang" contra el defectuoso razonamiento deductivo de Russell. Es un ejemplo perfecto de conocimiento futuro que anula creencias pasadas. Esos datos habrían llevado a una conclusión diferente si se hubieran conocido en el pasado. Solo Dios puede predecir lo que es y lo que no es; por desgracia, los ateos y otros incrédulos eligen no creer. Repitiendo un argumento anterior, es necesario saberlo todo para deducir la verdad sobre un tema del que se sabe poco. Irónicamente, solo Dios cumple ese requisito.

¿Son estos sucesos producto de la evolución y el azar? --- Creo que no. ¿Cómo explica la evolución que haya individuos que distingan el bien del mal? --- Si somos producto del azar, ¿cómo se manifiesta eso en la estructura y el enfoque del cristianismo que es ajeno a un proceso aleatorio? El proceso de selección natural selecciona a los organismos para la supervivencia basándose únicamente en su comportamiento, en lo que hacen, no en lo que piensan y sienten. La teoría de la evolución puede explicar el origen de los rasgos que tienen valor para la supervivencia y, por tanto, no puede definir el estado mental del hombre ni su esencia absoluta. En otras palabras, la teoría de la evolución no puede explicar la existencia del hombre. Aquí se trata de la verdad bíblica de que Dios nos creó a Su imagen; se puede considerar que el pensamiento es erróneo, pero no por ello deja de ser cierto.

> (Romanos 8:22) [22]Porque sabemos que toda la creación gime y sufre dolores hasta ahora. Porque Dios nos creó a Su imagen, nos dio independencia. No somos robots, sino que elegimos seguir a Dios por nuestra propia voluntad.

Dios asume este riesgo por su propia naturaleza. La vida es la arena en la cual escogemos creer; en la oferta de gracia de Dios de Salvación y vida con Dios o seguir la mala voluntad de uno y cosechar las consecuencias.

> (Romanos 6:23) [23]Porque la paga del pecado es muerte, pero la dádiva de Dios es vida eterna en Cristo Jesús Señor nuestro. (1)

La pregunta es, con libre albedrío, ¿preferimos el gobierno de Dios o el de Satanás? Amar a Dios y a Jesús requiere trabajo y compromiso, mientras que Satanás nos deja hacer nuestras propias cosas; por eso el camino al Hades es vasto. *"Me gustan los beneficios del cristianismo, pero no estoy seguro de estar listo para renunciar al control y dejar que Dios dirija"*.

Como he sido cristiano ocasional, puedo hablar por mí mismo. En mi caso, creo que fue la reticencia a ceder mi control a Cristo y comprometerme de corazón. ¿Hace esto una gran diferencia? --- Y la respuesta para mí es: ¡SI! -- Una diferencia enorme. Si las palabras correctas estuvieran allí pero no el compromiso genuino, no podría probar desde mi experiencia que no podría cambiar por mi cuenta. La respuesta es simple - sin ese compromiso con Cristo, uno no tiene la fuerza para romper esos hábitos. Si uno se somete, puede deshacerse de ellos o desarrollar la disciplina para controlarlos. No es fácil, pero ¿qué lo es? En mi caso, he notado una diferencia en mí mismo. Cualquiera puede hacer ese cambio con fe y energía.

Cristiano no comprometido

¿Qué es un cristiano no comprometido? Mi definición es el que cree intelectualmente en Dios y en Jesucristo, pero no ha permitido que entren en su corazón. Yo tenía una versión humanizada de lo que necesitaba: pero mi percepción era falsa. No sabía que era falsa. Lo sé porque lo fui durante muchos años.

Como ya he dicho, mientras estaba soltero, era uno de esos cristianos; después de todo, tenía fe y creía. La mayoría de nosotros tenemos buenos instintos, creemos que somos amables, cariñosos, empáticos, y nos desvivimos por ayudar a la gente, donar dinero, etc. Cuando mi mujer y yo nos casamos, ambos nos sentimos lo suficientemente fuertes para criar a nuestros hijos como cristianos como para convertirnos en feligreses habituales. Las cosas aprendidas en varias excursiones a la iglesia al año no se me quedaron grabadas en la memoria en mi época universitaria y al principio de mi carrera laboral. Muchas oportunidades que compiten entre sí atraen la atención hacia el "yo" más que hacia el Todopoderoso en nuestros años de mediana y temprana edad adulta. Otros habrán sentido lo mismo en ese momento de su vida. ¿Qué me hizo cambiar de opinión?

Por lo que todos pasamos es muy sutil. Cuando somos jóvenes y durante nuestra carrera laboral, nuestras vidas giran en torno a nosotros mismos labrándonos una existencia de éxito. Durante esa prueba, buscamos divertirnos en nuestra juventud, salir de fiesta, encontrar a nuestra futura pareja, etc., cosas bastante inocentes pero que pueden llevarnos a problemas. A Dios le gustaría que todos fuéramos como Jesús - por supuesto, eso no sucederá. Así que si vivir como un cristiano ocasional no es suficiente: ¿qué lo es? Hablando por mí mismo, tendría que señalar los acontecimientos de mi Biografía Religiosa que me harían clamar a Dios en oración debido a la salud y a otros problemas venideros.

Como describe mi Biografía Religiosa, varios incidentes abrieron mis ojos espirituales con respecto a Dios. A cada uno de nosotros nos ocurren muchas cosas personales de las que no solemos hablar, y que nos acercan o nos alejan de Dios. Yo tuve suerte; muchos incidentes me movieron hacia Él. La Biblia, la iglesia y los sermones semanales describen la historia de Dios y el Evangelio de Jesucristo. Conocemos a mucha gente religiosa en la iglesia -- se nota, y a menudo me pregunto por qué piensan como piensan. ¿Cómo llega la gente a estar tan comprometida, especialmente a una edad tan temprana?

Uno puede medirse a sí mismo preguntándose: "¿Con qué frecuencia al día piensas en Dios o incluso le rezas?". Si la respuesta es nunca, entonces ha respondido a su pregunta. Hay una razón por la que la

Biblia afirma que el camino al cielo es muy estrecho, y el camino al Hades es inmenso. Al investigar este tema, existen creencias de que solo del 2% al 50% de los Cristianos iran al Cielo por no satisfacer los requisitos Biblicos que necesitan. Siendo ingeniero, tiendo a pensar en las cosas estadísticamente. Considera a Dios, tu jefe, y a ti, el empleado. Si estuvieras en Su lugar, ¿qué pensarías de una persona que te da solo un par de días al año de su tiempo e interés --? Navidad y Pascua -- dos días de 365. Considerarías a esa persona comprometida; ¡no! ¿Piensas que Dios responderá a tus oraciones cuando mayoritariamente le has ignorado? Sorprendentemente la respuesta es "Sí", pero tenemos que llamarle, la expresión inicial de "creer". Dios quiere que todos seamos lo que Jesús describió como "nacidos de nuevo". Debemos sacrificar nuestra naturaleza pecaminosa diariamente en un compromiso con Cristo invitándolo a entrar en nuestros corazones y luego ser fructíferos haciendo Su voluntad en lo que Él nos ha llamado a hacer.

Suena bastante sencillo, así que ¿por qué tendemos a ignorarlo? Parte de la respuesta es que si no hemos alcanzado ese compromiso con Él, no hemos experimentado lo que sucede cuando aumenta esa responsabilidad. Por ejemplo, durante mi conversión en curso de cristiano ocasional a seguidor, experimenté por primera vez la paz descrita en la Biblia. Durante un viaje de servicio de sanación de Katherin Kuhlman con mi amigo Al, descubrí _"la paz que sobrepasa todo entendimiento"._ Aunque no duró mucho, nunca la olvidé. Vale la pena repetirlo; la experiencia alentó más fe y creencia, y cuando empecé a leer la Biblia, la paz regresó.

Pecar: Intencionados o no

Como presuntos cristianos, el riesgo es que a menudo simplificamos las implicaciones de pecar al no comprender o aceptar plenamente la definición de obediencia a la palabra de Dios. Tendemos a no prestar suficiente atención a un mundo pecaminoso como para darnos cuenta cuando le damos vueltas al significado sin siquiera pensar en ello. Por ejemplo, ¿tenemos resentimientos ardientes contra alguien o no hemos perdonado a alguien? Recuerda que si no perdonamos, Dios tampoco nos perdonará: nuestro paso libre al cielo puede quedar anulado. ¿Perdemos los nervios al conducir o mostramos impaciencia, etc.? ¿Cotilleamos sobre amigos y compañeros de trabajo? ¿Nos enfadamos farisaicamente con alguien?

En mi experiencia, he descubierto que la ira farisaica es la emoción más dañina. Nos sentimos heridos porque la otra persona sabe que lo que ha dicho está mal y nos defendemos con "justicia propia". Como resultado, el debate se acalora y ambas partes creen que el otro no les escucha.

En este punto, las viejas heridas pueden sacar a relucir discusiones que sucedieron años antes y echar leña al fuego con cosas dichas que no tenían nada que ver con el inicio de la disputa original. A menos que uno perdone el incidente, genera tejido cicatrizal en la relación que no desaparecerá a menos que uno pueda honestamente perdonar y olvidar con la dirección de Dios. ¿Por qué respondemos así? Dios nos ha hecho a cada uno de nosotros singularmente originales - algunos de nosotros tenemos temperamento --- otros no. Desafortunadamente, yo sí. La gente reacciona a las situaciones de manera diferente basada en su constitución. El Creador hace a cada uno con una plantilla diferente, pero todos buscamos abrirnos camino en esta vida como podemos en común con todos los demás.

La comprensión aporta empatía y tiende a mitigar los efectos del desacuerdo. Sin embargo, algunos tendrán una percepción errónea basada en una experiencia anterior y atribuirán una responsabilidad injustificada a ese individuo. En estas condiciones, se necesita un esfuerzo concentrado para hacer lo correcto y seguir la voluntad de

Dios. Sin eso, las cosas solo empeorarán. He descubierto que un pensamiento sencillo para recordar cuando se está en una discusión farisaica es tratar de pensar en cómo resolver el problema de la otra persona en lugar de culparla.

> (Marcos 10:44-45): [44]Y el que de vosotros quiera ser el primero, será esclavo de todos.[45] Porque tampoco el Hijo del Hombre vino para ser servido, sino para servir y para dar su vida en rescate por muchos".

Eso lleva a la posibilidad de dialogar en lugar de a un resentimiento odioso. La llamada es a amarnos los unos a los otros como Cristo nos ama. Otro ejemplo es el de dos hermanas que habían sido muy amigas; tuvieron un desencuentro debido a razones que, con el paso de los años, ni siquiera podían recordar con claridad. Sin embargo, la dinámica de la relación se volvió tensa a medida que se distanciaban. Ambos tenían una opinión farisaica de la otra persona basada en la percepción, -- no en la comunicación respecto a lo que molestaba al otro. Ambos habrían tenido razón en sus percepciones si hubieran sido correctas. Resulta que ambas percepciones eran erróneas.

Esta condición se había prolongado durante algunos años, con la relación fría. Solo después de perdonarse mutuamente, su vínculo volvió a la normalidad. La amarga verdad era que la hermana mayor intentó defender a la menor, pero ésta malinterpretó por completo sus intenciones. Igualmente válida, la hermana mayor también había malinterpretado las condiciones entre ellas. Ambas eran culpables y descubrieron la verdad cuando perdonaron a la otra. La cuestión es que la separación entre las dos existió durante muchos años. Satanás se encargó de avivar las llamas de la ira durante ese tiempo. Solo cuando seguimos la regla divina del perdón se resuelve el problema. Durante el conflicto, cada uno pudo haber sentido que eran candidatos para ir al Cielo. Sin embargo, según las reglas de Dios, si alguno de los dos falleciera sin perdonar al otro, esa persona podría no haber llegado.

¿Cuáles son las probabilidades de analizar correctamente un conflicto interpersonal sin hablar con la otra persona y basándose solo en la percepción de uno mismo? Según mi experiencia, rara vez funciona. Vivimos en un mundo pecaminoso, y si la orientación de uno es hacia el "yo" en lugar de hacia Dios, nuestras reacciones tenderán a seguir las indicaciones de Satanás. Pregúntate: "¿Cuántas veces al día piensas en Dios y le das gracias por tus bendiciones?". Cuando era más joven y estaba más interesado en mí mismo, tendría que decir que nunca. A medida que he envejecido y me he conectado más con Dios y he cambiado, mi respuesta es muchas veces. A medida que mi ira extrema ha disminuido, mi salud ha mejorado dramáticamente; ya no tomo el nombre del Señor en vano -puede que me resbale una o dos veces al año. Nunca he tenido la tranquilidad de espíritu que tengo ahora. Uno debe darse cuenta de que estos cambios solo fueron posibles al acercarse más al SEÑOR.

> (1 Corintios 1: 31) [31]que, como está escrito: "El que se gloría, que se gloríe en Yahveh".

Hay millones de maneras de mostrar desobediencia sin siquiera pensarlo. No hay tal cosa como un poco de pecado si uno también cree que tal cosa estaba permitida. ¿Bajo la influencia de quién estoy actuando, debe preguntarse el cristiano ocasional? El incrédulo aparentemente no tiene tal problema y piensa que obra bajo su conocimiento de lo que cree. La Biblia le dice lo contrario y sugiere que está bajo el poder de este mundo pecaminoso. El siguiente autoexamen le dará tanto al incrédulo como al cristiano casual un medio bíblico para decirles lo que se necesita para llegar a ser cristiano si están interesados.

Tomado de "**¿Eres cristiano?**".

Ir a la iglesia no te hace cristiano, ni rezar una oración, ir por un pasillo, pasar un catecismo y decirte a ti mismo que estás tratando de ser una persona decente. Según las Escrituras, solo puedes ser cristiano si Cristo está en ti, probado y comprobado.

Dios nos da instrucciones sobre cómo "comprobarnos a nosotros mismos" en las Escrituras. Estas se agrupan en cinco grandes categorías: 1) **Creencia y Confesión del Evangelio;** 2) **Nacimiento de Nuevo / Filiación / Corrección;** 3) **Arrepentimiento / Liberación del Pecado; Buenas Obras por Gracia;** 5) **El Fruto del Espíritu**. Los primeros tres son puntos de partida pero también pueden servir como pruebas continuas, como veremos. Los dos últimos son prueba viviente de "Cristo Jesús en nosotros", o no. Estas escrituras deberían animar a los verdaderos cristianos y causar una reflexión sobria sobre aquellos que piensan que lo son pero no lo son. http://www.acts17-11.com/christian.html

Cada una de las categorías anteriores ofrece muchos estudios que podríamos seguir para determinar la verdad, si uno es cristiano o no. La cuestión es que cada uno debe decidir por sí mismo. Si sirviera de consuelo, el apóstol Pablo sufrió el mismo problema que todos nosotros. Pablo nos dijo:

> (Romanos 7:15-20): [15]Porque lo que hago, no lo entiendo; pues no hago lo que quiero, sino lo que aborrezco, eso hago. [16]Y si lo que no quiero, esto hago, apruebo que la ley es buena. [17]De manera que ya no soy yo quien hace aquello, sino el pecado que mora en mí. [18]Y yo sé que en mí, esto es, en mi carne, no mora el bien; porque el querer el bien está en mí, pero no el hacerlo. [19]Porque no hago el bien que quiero, sino el mal que no quiero, eso hago. [20]Y si hago lo

que no quiero, ya no lo hago yo, sino el pecado que mora en mí.

La pregunta del cristiano ocasional es, ¿te consideras cristiano solo porque eres una persona decente y asistes ocasionalmente a la iglesia? -- ¡Yo me sentí así durante muchos años!

> (Romanos 10:8-13): "La palabra está cerca de ti, en tu boca y en tu corazón" [a](es decir, la palabra de fe que predicamos): [9]que si confesares con tu boca que Jesús es el Señor, y creyeres en tu corazón que Dios le levantó de los muertos, serás salvo. [10]Porque con el corazón se cree para justicia, y con la boca se confiesa para salvación. [11]Porque la Escritura dice: "El que cree en Él no será avergonzado". [b][12]Porque no hay distinción entre judío y griego, pues el mismo Señor de todos es rico para con todos los que le invocan. [13]Porque "todo el que invoque el nombre de Yahveh se salvará".

Debemos creer en el verdadero Evangelio sobre el correcto. La vida cristiana comienza abrazando el Evangelio, pero lo que aceptamos como válido es también una prueba continua. La Escritura nos advierte que es peligroso alejarse de la fe a medida que avanzamos en la vida. ¿Creemos en el Evangelio de Jesucristo, puro y definido por las Escrituras, y lo seguimos? Pasar por la prueba debe dar a una persona la perspicacia para desafiar su relación con Cristo.

La declaración anterior de Pablo, en Romanos 7:15-20, lo dice todo. En un momento u otro, todos hemos sufrido lapsos de control que resultan en perder los estribos, y justo después de que sucede, preguntarnos a nosotros mismos, "¿por qué hicimos eso?"; y amonestarnos a nosotros mismos. Sin duda, yo he sido uno de esos infractores. La mayoría de la gente se considera "decente" aunque vivir en un entorno pecaminoso les tiente perpetuamente a hacer cosas malas. Conocer al Salvador por sí solo, sin una acción enfocada a obedecerle, es insuficiente. En mi caso, he sufrido deslices que han resultado en resentimiento, falta de perdón, impaciencia, ira, ansiedad experimentada, salud, miedos, etc. No es diferente de la condición humana a la que todo el mundo se ha enfrentado.

Sé que estoy predicando al coro ---- todos hemos estado en situaciones similares en circunstancias diferentes. Con estas afirmaciones no pretendo mostrarme como un dechado de virtudes ---- ni mucho menos. Mirando hacia atrás a mis cambios a lo largo de los años, solo tuve éxito desde que encomendé mi vida a Cristo. Él superó muchos de mis defectos enumerados dándome una paz mental completa. Lo que más lamento es no haberme dado cuenta de esto a una edad mucho más temprana. No estaría escribiendo este libro sin Su poder. Después de todo, como decía una vieja pegatina, "Los cristianos no son perfectos, solo perdonados".

Reflexionando sobre mi viaje, ahora puedo comprender las dificultades del camino recorrido cuando era mucho más joven, --Me faltaba una perspectiva que solo puede venir con la edad. Como cristiano más juvenil e informal, no apreciaba las recompensas adicionales que podían venir con una mayor fe. Sin embargo, la experiencia me ha demostrado que abrazamos experiencias mayores y gratificantes cuando nos desarrollamos. A medida que suceden, la persona toma conciencia de la posibilidad y se vigoriza aún más en su fe. Los ateos, en cambio, buscan argumentos contradictorios contra quienes defienden su fe. Dios exige que primero aceptemos el Evangelio como correcto para recibir sus pruebas. Contrariamente a todas sus creencias, para que un cristiano le hable a un escéptico sobre sus verdades, él no puede relacionar, creer o entender lo que usted está diciendo. Tus pruebas no tienen significado para ellos, no importa cuan lógicos sean tus argumentos.

Para cualquiera que esté familiarizado con la Biblia, no debería ser ninguna sorpresa que las condiciones severamente estresantes desafíen periódicamente a los incrédulos y a los cristianos de una manera que les invita a clamar a Dios en oración. Muchos ateos y cristianos tibios han reaccionado adecuadamente buscando una relación más fuerte con el Todopoderoso. Por desgracia, el mundo pecaminoso en el que vivimos utiliza los mismos acontecimientos para engancharnos a una solución indulgente que se convierte en adictiva. El libre albedrío, anclado en el "Yo", toma la decisión equivocada - el "libre albedrío" que se ancla en "Cristo" da la correcta. Aquellos que se han convertido en incrédulos "empedernidos" blasfemarán y maldecirán al SEÑOR por crear su conflicto. En cambio, puede llegar a ser su "crisis de Creencia" personal, cambiando sus vidas, para bien o para mal, dependiendo de la decisión. El incrédulo tiene una tarea imposible: de alguna manera, contra todos los instintos, debe creer, por un instante, y preguntar: "Dios, ¿estás ahí?"- Para saber si Él responderá o no.

Lo mismo ocurre con las Naciones. Cuando un país muestra tal desprecio por Dios que progresivamente comienza a escribir sus leyes para abrazar el pecado Bíblico, esa tierra se abrirá al castigo. A Noé le tomó 100 años construir su "Arca". Predicaba el arrepentimiento a la gente a su alrededor para evitar el diluvio que conoció. Tuvieron cien años para creer y arrepentirse; no lo hicieron. Como "nadie en todo el mundo, excepto los ocho miembros de la familia de Noé, creyó ni se arrepintió", vino el diluvio. ¿Está llegando nuestra civilización al mismo estado? Creo que sí estamos en los "tiempos de dolores" justo antes de la Tribulación descrita en el libro de Daniel.

LA BIBLIA

La Biblia es una narración histórica. Es el registro individual de la revelación de Dios a la humanidad, cuya culminación es Jesucristo. Abundan las pruebas de que la Biblia es históricamente exacta, si no completa. Además, gran parte de la narración es historia y poesía. Interpretar el contenido bíblico es un reto para el lector. Se prefiere una interpretación literal de la Biblia, a menos que una explicación metafórica, simbólica o analógica sea más adecuada. El poema "Los ciegos y el elefante" describe cómo la gente discute a menudo sobre si la Biblia es la palabra de Dios o los meandros falibles y equivocados de la mente humana. Es una advertencia para tener cuidado con las propias interpretaciones.

LOS CIEGOS Y EL ELEFANTE

Poema de John Godfrey Saxe (1816-1887)

Eran seis hombres de Indostán muy inclinados a aprender, que fueron a ver al Elefante (Aunque todos ellos eran ciegos), para que cada uno, mediante la observación, pudiera satisfacer su mente.

El primero se acercó al elefante y, al caer sobre su ancho y robusto costado, comenzó a gritar: "¡Dios me bendiga! Pero el elefante es como una pared".

El segundo, sintiendo el colmillo, gritó: "¿Qué tenemos aquí, tan redondo, liso y afilado? A mí me parece muy claro que esta maravilla de elefante es como una lanza".

El Tercero se acercó al animal, y tomando entre sus manos la trompa que se retorcía, se atrevió a hablar: "Veo", dijo, "que el elefante es como una serpiente".

El Cuarto extendió una mano ansiosa y palpó la rodilla. "Lo que más se parece a esta bestia maravillosa es muy claro", dijo; "¡Está bastante claro que el elefante es muy parecido a un árbol!"

El Quinto, que por casualidad tocó la oreja, dijo: "Ni el hombre más ciego podría decir a qué se parece esto; niegue el hecho quien pueda ¡Esta maravilla de Elefante es muy parecido a un abanico!"

Apenas el Sexto empezó a tantear a la bestia, agarró la cola que caía a su alcance.

Que cayó a su alcance, "Veo", dijo, "¡que el elefante es muy parecido a una cuerda!"

Y así estos hombres de Indostán Discutieron fuerte y largamente, Cada uno en su propia opinión Excediendo rígido y fuerte, Aunque cada uno estaba en parte en lo correcto, ¡Y todos estaban equivocados!

Moraleja: *A menudo, en las guerras religiosas, los contendientes ignoran lo que quieren decir unos y otros, y parlotean sobre un elefante que ninguno de ellos ha visto.*

Este poema implica que, si consideramos la Biblia como un elefante, debemos estudiarla y leerla muchas veces para comprender sus enseñanzas. En ninguna parte es más exacta esta historia que en la interacción entre la ciencia y la Biblia. Los escribas y los apóstoles escribieron la Biblia para contar la historia de Dios. Del mismo modo, el funcionamiento de la creación se va descubriendo poco a poco a través de la ciencia. Sin embargo, la razón humana, con su capacidad limitada, no puede explicar o mostrar a Dios debido a su naturaleza infinita. Tampoco puede explicar los comienzos ni el porqué de la creación. Solo las Escrituras pueden enseñar estas cosas. Partiendo de esta premisa, cuanto más aprendemos sobre la ciencia, más conocemos la majestad y grandeza de Dios. El impulso de incluir este poema surgió una mañana temprano, pensando que la Biblia es compleja y puede dar lugar a muchas interpretaciones. El discernimiento solo llega con el estudio de la "Palabra". Sin embargo, lo principal es aceptar el mensaje evangélico de creer en Dios y en Jesucristo y comprometerse con ellos con el razonamiento explícitamente expuesto en la Biblia. Las percepciones erróneas de ateos y creyentes parciales abundan en todos los niveles. A modo de ejemplo:

> (Lucas 14:26): [26]"Si alguno viene a mí y no aborrece a su padre, a su madre, a su mujer, a sus hijos, a sus hermanos y hermanas, y aun también su propia vida, no puede ser discípulo mío".

Los ateos a menudo toman estas escrituras literalmente en lugar de metafóricamente, es decir, "¿Cómo podría la gente defender seguir a un Dios que les pide odiar a su familia?". En este ejemplo, 'la Escritura está comparando la diferencia entre el amor necesario a Cristo y el hipotético odio a tu familia (a la que amas) que sería necesario para seguirle. Una manera más directa de hacer la comparación sería decir que si a uno le gusta su familia una cantidad específica, necesitaríamos una cantidad mucho más significativa de amor por Jesús para seguirle. Sin ese mayor nivel de compromiso, sería imposible. Él aconseja que si ese fuera el caso, sería mejor ni siquiera tratar de ser Su discípulo en lugar de parecer tonto en un intento fallido.

Mensaje bíblico

La mejor manera de expresar el mensaje bíblico general es:

(Mateo 13:44-52): **La Parábola del Tesoro Escondido**
"Otra vez, el reino de los cielos es semejante a un tesoro escondido en un campo, que un hombre encontró y escondió; y de alegría, por ello, va y vende todo lo que tiene y compra ese campo.

Parábola de la Perla de Gran Precio

"El reino de los cielos es semejante a un mercader que buscaba perlas preciosas, [46]que, cuando encontró una perla de gran precio, fue y vendió todo lo que tenía y la compró.

Si estamos buscando el reino de los cielos y aprendiendo lo que se necesita para llegar allí, debemos estar dispuestos a renunciar a todo para alcanzar esa meta. La Biblia nos dice que uno debe comprometer su corazón, alma y mente a seguir a Jesucristo para entrar en el reino de los cielos.

La parábola de la red

[47]"Además, el reino de los cielos es semejante a una red que echaron al mar y recogieron de todas clases, [48]la cual, cuando estuvo llena, sacaron a la orilla; y sentados, recogieron lo bueno en vasijas, pero lo malo lo echaron fuera.[49] Así sucederá al final de los tiempos. Los ángeles saldrán, separarán a los malos de entre los justos, [50]y los arrojarán al horno de fuego. Allí será el llanto y el crujir de dientes". [51]Jesús les dijo: [a]"¿Habéis comprendido todo esto?". Ellos le respondieron: "Sí, Señor."[52] Luego les dijo: "Por eso, todo escriba instruido[c] acerca del reino de los cielos es semejante a un padre de familia que saca de su tesoro *cosas* nuevas y cosas viejas".

Sin embargo, la red de arrastre celestial de Dios arrastrará tanto a pecadores como a creyentes para que se enfrenten a Sus juicios; si no hacemos caso de los consejos de Dios, nos espera una eternidad en el abismo. Debemos estar seguros de que, como creyentes, tenemos las creencias necesarias de "nacidos de nuevo" para evitar el destino de los malvados. Como residentes del cielo, debemos dar testimonio de Cristo enseñando a otros sobre el reino para que puedan apreciar el valor del tesoro y darse cuenta de lo que se necesita para encontrarlo. Reiterando la pregunta de "quién entrará en el Reino de los Cielos", la línea divisoria son los que HACEN la voluntad del Padre. Jesús describe a un verdadero discípulo como aquel que cree en Él y hace Su voluntad - Juan 8:30-32. La salvación por gracia exige la necesidad de obediencia.

No pensemos erróneamente que tenemos un boleto gratis al cielo porque "creemos" en Jesús. La salvación es por gracia, no por lo que podamos considerar obras ejemplares mientras pensamos que estamos obedeciendo a Dios, pero no es así. Jesús tampoco nos reconocerá haciendo cosas para las cuales no tenemos autoridad: es decir, algo que estamos haciendo sobre suposiciones erróneas separadas de la voluntad de Dios. Aunque uno pueda considerarse religioso, haciendo muchas cosas en el nombre de Jesús, aún así Él puede decir: "Nunca te conocí; apártate de mí..." Tit 3:3-7. Obedecer a Dios es más complicado de lo que podemos sospechar. Como dijo Jesús,

> (Mateo 7:21): [21]"No todo el que me dice Señor", entrará en el reino de los cielos, sino el que hace la voluntad de mi Padre que está en los cielos.

> (Santiago 1:22-25): [22]Pero sed hacedores de la palabra, y no tan solamente oidores, engañándoos a vosotros mismos. [23]Porque si alguno es oidor de la palabra pero no hacedor de ella, este es semejante al hombre que considera en un espejo

su rostro natural. ²⁴Porque él se considera a sí mismo, y se va, y luego olvida cómo era. ²⁵Mas el que mira atentamente en la perfecta ley, la de la libertad, y persevera en ella, no siendo oidor olvidadizo, sino hacedor de la obra, este será bienaventurado en lo que hace.

(Romanos 6:17-18): Cristo es el autor de la salvación para todos los que le obedecen -(He 5:9) Cristo vendrá en juicio contra los que no obedecen el evangelio.

http://executableoutlines.com/matt/mt7_21.htm**Esquemas ejecutables, Copyright © Mark A. Copeland, 2011**

¿Qué debemos acatar para satisfacer la voluntad de nuestro Padre? Comienza con:

a. Arrepentimiento hacia Dios y fe en Jesucristo - Hch 20:21
b. Confesar a Jesús como Señor - Ro 10:10
c. Ser bautizado en Cristo para perdón de los pecados - Hch 2:38
   Seguido por una vida de servicio fiel a Cristo, confesando los pecados a lo largo del camino - Re 2:10; 1Jn 1:9

El truco es que realmente entendamos el significado de obediencia y fe para eliminar nuestra mala interpretación de esas definiciones, para que el pecado involuntario no nos atrape.

¿Verdad?

Lo más peligroso es que cualquiera puede percibir que a menudo estará equivocado. La exactitud de la observación es inversamente proporcional a la cantidad de investigación y esfuerzo dedicados al estudio del objeto de nuestro interés. Malinterpretar las escrituras presumiendo opiniones demasiado pronto puede llevarnos a creer algo falso Las verdades literales se encuentran en las metáforas, analogías, parábolas y escrituras paralelas que cuentan la historia bíblica. Buscar patrones dentro de esta jungla de datos bíblicos que proporcionen diferentes miradas a la misma información desde una perspectiva diferente dará una visión completa de la verdad. El estudio de las Escrituras es un proceso de investigación y análisis que puede llevarnos a la conclusión de que la verdad es la verdad. [...]

Por todo lo anterior, incluso los eruditos bíblicos tienen opiniones divergentes a la hora de hacer este tipo de interpretaciones. Además, da lugar a muchas teorías opuestas sobre el significado de las Escrituras, especialmente en las profecías de Daniel y el Apocalipsis. Así, la cuestión de qué nos dice la información se vuelve compleja. Un adagio es apropiado:

1. un necio es "el que no sabe pero no sabe que no sabe",
2. frente a
3. un sabio "no sabe "pero sabe que no sabe".

La definición anterior distingue lo que sabemos o no de lo que no sabemos. La ciencia es la marcha decidida, desde el desconocimiento a la comprensión. La exactitud del conocimiento debe provenir de hipotetizar escenarios de causa y efecto y determinar qué es lo correcto ideando pruebas para demostrar o refutar sus teorías por ejemplo, progresar metódicamente utilizando una aguda comprensión de lo que el hombre sabe y no. Como veremos, la Biblia señala a menudo el camino para que la ciencia "acierte". Tal es el caso de la afirmación bíblica de que Dios creó el universo de la nada -mucho antes de que la ciencia descubriera ese hecho con su "Teoría del Big Bang". No podían aceptar y siguen sin poder hacerlo; Dios es el Creador, y su palabra es todopoderosa.

LA CONFIABILIDAD DE LA BIBLIA:

Por qué deberíamos fiarnos de la Biblia? Al fin y al cabo, la escribieron seres humanos, así que ¿por qué no iba a ser solo una reconstrucción de la mitología antigua? ¿Y los demás libros religiosos: el Corán, el Libro del Mormón, etc., son igualmente sospechosos? Qué diferencia a la Biblia de los demás libros sagrados? Como cristianos, debemos ser capaces de responder a estas preguntas.

Charlie Campbell en "¿Podemos fiarnos de la Biblia?" http://www.alwaysbeready.com/bible-evidence?id=99

Las profecías de la Biblia no son más que la certeza omnisciente de Dios sobre acontecimientos futuros comunicados a través de los profetas. Ninguno de los otros veintiséis libros sagrados notables, que los religiosos creen que también fueron inspirados divinamente, contiene ninguna profecía explícitamente cumplida, "ninguna". El siguiente ejemplo, "¿O nacerá de una vez una nación?" Isaías 66:8, dado por el renacimiento de Israel en 1948, con muchos ejemplos. Hasta la fecha, el 100% de todas las profecías se han hecho realidad. ¿Por qué debería ser así?; debido a su 100% de exactitud en las predicciones, esto demuestra por sí solo su existencia. El mayor error de la humanidad sería hacer un Dios de su elección, "a su imagen", porque no quiere rendirle cuentas a Él, el verdadero Dios. El Antiguo Testamento profetizó que Jesús nacería de la simiente de Abraham:

(Isaías 9:6): ⁶Porque un niño nos ha nacido, Un hijo nos ha sido dado, Y el principado sobre su hombro. Y el principado sobre su hombro. Y se llamará su nombre Admirable, Consejero, Dios Fuerte, Padre Eterno, Príncipe de Paz.

(Romanos 9:7-9): ⁷ni todos ellos son hijos por ser simiente de Abraham, sino: "En Isaac será llamada tu simiente". ⁸Es decir, los que son hijos de la carne, éstos no son hijos de Dios, pero los hijos de la promesa son contados como simiente.⁹ Porque ésta es la palabra de la promesa: "En este tiempo vendré, y Sara tendrá un hijo".

Isaías vivió aproximadamente del 740 al 698 A.C. e hizo las profecías anteriores, mientras que el apóstol Pablo escribió el libro de Romanos alrededor del 56-57 D.C. ¿Puede uno leer las descripciones anteriores y no asombrarse de que predigan correctamente la venida de Cristo del linaje de Isaac en Isaías y luego reafirmen que sucedió en Romanos?

Ningún descubrimiento arqueológico ha anulado jamás una referencia bíblica. Decenas de descubrimientos arqueológicos confirman en un esquema claro o con una declaración histórica detallada exacta en la Biblia. Ni que decir tiene que una evaluación adecuada de las descripciones bíblicas ha conducido a menudo a descubrimientos sorprendentes". [Nelson Glueck, Ríos en el desierto, p. 31.] (Glueck) Son palabras de un hombre al que se atribuye el descubrimiento de más de mil quinientos yacimientos antiguos en Oriente Próximo. ["Arqueología: los fragmentos de la historia", Tiempo, 13 de diciembre de 1963].

Encontraron un bloque de piedra caliza de unos tres pies de alto y dos de ancho que había sido volteado y reutilizado como parte de un tramo de escaleras durante una de las renovaciones del teatro. Llevaba una inscripción en latín que mencionaba a "Poncio Pilato, prefecto de Judea".

Descubierta en la ciudad de Dan, un poco al norte del mar de Galilea, en Israel. La inscripción, escrita en arameo por los enemigos de Israel, en la que se describía la pérdida de los reyes de Judá e Israel, mencionaba al "rey de Israel" y al rey de la "Casa de David". Fue un descubrimiento fantástico y ayudó a verificar por primera vez que David era una figura histórica real.

Los autores bíblicos escribieron las Escrituras en tres lenguas diferentes: hebreo, arameo y griego. Cuando pedimos a 40 personas de 60 generaciones y tres continentes diferentes que hablan otras tres lenguas que escriban 66 documentos sobre las cuestiones más controvertidas de la vida: cabría esperar algunos problemas serios. Además, se supondría que ese libro sería un reto de lectura. Independientemente de estos factores, la Biblia es un relato totalmente armonioso y coherente de los intentos de Dios por reconciliar a los pecadores con Él: a través de su Hijo, Jesucristo. Esta coherencia interna es una prueba extraordinaria de que los autores de la Biblia fueron guiados por el Espíritu Santo cuando escribieron los diferentes libros de la Biblia. Naturalmente, se podrían dar muchos más ejemplos de la verdad bíblica, pero la necesidad de más pruebas no es esencial si los ejemplos anteriores le convencen. Mis amigos cristianos y yo creemos en Dios y en Jesucristo estrictamente por la exposición al Evangelio y no necesitamos ninguna otra prueba de que la Biblia es verdadera; los ateos y los incrédulos siguen necesitando pruebas.

PROFECÍA CUMPLIDA

Para los incrédulos, al parecer, existe una tendencia arrogante a proclamar la imposibilidad de Dios porque encajan en la definición; "No hay ciego que no vea". La incapacidad de demostrar científicamente la existencia de Dios desencadena automáticamente el mantra "Él no existe". Los incrédulos descartan rápidamente las verdades de la Biblia con un gesto de la mano durante miles de años. Además, ignoran la profecía más reciente que se ha hecho realidad --

La terminación firmada del Mandato Británico con un trazo de bolígrafo a medianoche cumplió Isaías 66 el 14 de mayo de 1948 y creó Israel.

> (Isaías 66:7-8): [7]"Antes que diese a luz, dio a luz; antes que le viniesen dolores, dio a luz un hijo varón. [8]¿Quién ha oído cosa semejante? ¿Quién ha visto cosa semejante? ¿Acaso parirá la tierra en un solo día? ¿O nacerá una nación de una vez?

> (Ezequiel 37:21-22): [21]"Entonces diles: 'Así dice el Señor Dios: "Ciertamente tomaré a los hijos de Israel de entre las naciones, adondequiera que hayan ido, y los reuniré de todas partes y los traeré a su propia tierra; [22]y haré de ellos una sola nación en la tierra, sobre los montes de Israel; y un rey será rey sobre todos ellos; ya no serán dos naciones, ni volverán a dividirse en dos reinos.

INTRODUCCIÓN:
¿Dioses astronautas?

Hace unos 445.000 años, unos astronautas de otro planeta vinieron a la Tierra en busca de oro. Chapotearon en uno de los mares de la Tierra, vadearon hasta la orilla y establecieron Eridu, "Hogar en la lejanía". Con el tiempo, el asentamiento inicial se convirtió en una auténtica Misión Tierra, con un centro de control, un puerto espacial, explotaciones mineras e incluso una estación de paso a Marte. A falta de mano de obra, los astronautas emplearon la ingeniería genética para crear trabajadores primitivos, los Homo sapiens. El Diluvio que arrasó catastróficamente la Tierra requirió un nuevo comienzo; los astronautas se convirtieron en dioses, concediendo a la Humanidad la civilización y enseñándole a rendir culto. Entonces, hace unos cuatro mil años, todos los logros se deshicieron en una calamidad nuclear. Los visitantes la provocaron en la Tierra durante sus rivalidades y guerras.

Cómo se explican estas historias? Después de todo, los *paleoantropólogos* encontraron en Etiopía restos óseos de una mandíbula que dataron en 2,8 *millones de años*. Se trata del fósil más antiguo de la historia humana por más de 400.000 años. El descubrimiento de esqueletos neandertales en todo el mundo nos demuestra que algunas personas existieron miles, si no millones, de años antes que Adán y Eva. La extracción de ADN de muestras óseas ha demostrado la endogamia entre humanos y neandertales, lo que nos lleva a preguntarnos: ¿Cuál fue la diferencia entre los neandertales y la creación de Adán y Eva?

Como cristiano, creo que Dios empezó a crear prototipos humanos muy pronto, en cuanto la Tierra pudo albergar vida. Los neandertales fueron de alguna manera diferentes de Adán y Eva. Sospecho que Dios creó a Adán y Eva para responder al intento de Satanás de contaminar el ADN humano y la reserva genética con sus ángeles caídos que se apareaban pecaminosamente con las mujeres de la Tierra. Los Gigantes Nephilim fueron la prueba de esa corrupción. Hoy en día, todos los que viven fuera de África tienen una pequeña cantidad de Neanderthal en ellos, llevado como una reliquia viva de estos antiguos encuentros. Un equipo científico que comparó los genomas completos de las dos especies concluyó que la mayoría de los europeos y asiáticos tienen entre 1 y 4 por ciento de ADN Neandertal. https://genographic.nationalgeographic.com/neanderthal/

Tal vez la siguiente escritura comienza a proporcionar una respuesta con la historia de Dios de aquellos días anteriores a Adán y Eva.

> (Génesis 6:1-8): Y aconteció que cuando los hombres comenzaron a multiplicarse sobre la faz de la tierra, y les nacieron hijas, ²los hijos de Dios vieron a las hijas de los hombres, que eran hermosas, y tomaron para sí mujeres de todas las que quisieron. ³Y el SEÑOR dijo: "Mi Espíritu **no contenderá[a] con el hombre para siempre**, porque ciertamente es carne; pero sus días serán ciento veinte (¿Jubileo?) años" ⁴*Había gigantes (Nefilim) en la tierra en aquellos días, y también después, cuando los hijos de Dios entraron en las hijas de los hombres, y ellas les dieron hijos. Aquellos eran los poderosos de antaño, hombres de renombre. ⁵Y vio Jehová que la maldad de los hombres era mucha en la tierra, y que todo designio de los pensamientos del corazón de ellos era de continuo solamente el mal. ⁶Y el SEÑOR se arrepintió de haber hecho al hombre sobre la tierra, y se entristeció en su corazón. ⁷Entonces el SEÑOR dijo: "Destruiré al hombre que he creado*

de la faz de la tierra, tanto al hombre como a la bestia, al reptil y a las aves del cielo, porque estoy arrepentido de haberlos hecho". ⁸Pero Noé halló gracia ante los ojos de Yahveh. (8)

Aclarando aún más las relaciones celestiales:

Mateo 22:30 afirma que para los hombres y mujeres en el cielo: "Porque en la resurrección ni se casan ni se dan en casamiento, sino que son como ángeles de Dios en el cielo".

Esta es la respuesta que Jesús dio a los saduceos en relación con su pregunta sobre el matrimonio en el cielo. Sin embargo, la implicación es que los ángeles en el paraíso generalmente siguen la regla que restringe el matrimonio, pero no necesariamente se aplica a los ángeles caídos.

(Lucas 20:35-36): aclara más ³⁵Pero los que son tenidos por dignos de alcanzar aquella edad, y la resurrección de entre los muertos, ni se casan ni se dan en casamiento; ³⁶ni pueden ya morir, **porque son iguales a los ángeles y son hijos de Dios**. (4)

Así que la conclusión hasta este punto es que los ángeles caídos, hijos caídos de Dios, de alguna manera se aparearon con mujeres mortales y dieron a luz a gigantes.

Mientras que la población preadámica de Sumeria puede haber creído que el equivalente de la Astronáutica descendió sobre ellos, la Biblia le diría que se trataba de los ángeles caídos que acompañaban a Lucifer cuando Dios los desalojó del cielo. La especulación nos haría creer que esto ocurrió en algún momento entre la creación de la Tierra y Adán y Eva. Uno podría preguntarse: ¿Por qué fue expulsado? Hubo una batalla épica entre Dios y Lucifer (Satanás) en algún momento antes de que Dios creara a Adán y Eva. Lucifer causó y perdió esa batalla porque desafió a Dios para llegar a ser como Él. El resultado: Dios lo arrojó a él, y a los ángeles que estaban de su lado, a la tierra. Lo sabemos porque Satanás ya estaba en el Jardín del Edén cuando Dios creó a Adán y Eva. La introducción del relato sumerio sugiere que Dios arrojó a Lucifer y a sus ángeles caídos hace unos 445.000 años; eran los llamados astronautas del espacio exterior. Dado que la Biblia abarca nuestra era actual, no hay muchos detalles de ese periodo anterior, salvo el breve mensaje que describe el resultado de la batalla primitiva entre Dios y Lucifer.

> (Isaías 14:12-15): ¡Cómo has caído del cielo, lucero del alba, hijo de la aurora! **Has sido arrojado a la tierra**, tú que en otro tiempo humillabas a las naciones. [13] **Decías en tu corazón: "Subiré a los cielos**; elevaré mi trono por encima de las estrellas de Dios; me sentaré entronizado en el monte de la asamblea, en las cumbres del monte Zafón [14] **Subiré** por encima de las cimas de las nubes; **me haré semejante al Altísimo"**. [15] Pero a ti te harán descender al reino de los muertos, a las profundidades de la fosa.

Uno solo puede especular sobre el motivo de Dios para soltar a Satanás en la tierra con sus ángeles caídos. Pero dado que Él ha permitido a Satanás un cierto grado de libertad para tentar a la humanidad a pecar, tal vez esa sea la respuesta. Después de todo, Él también permitirá que el Anticristo en nuestra generación haga lo mismo. Estos ángeles caídos del cielo tenían amplios conocimientos divinos para lograr muchas cosas maravillosas: tal vez incluso mover monolitos, construir pirámides, etc.

Tal vez, incluso entonces, después de ser desalojados del cielo, Dios le dio a Satanás su oportunidad de demostrar que él y sus ángeles caídos podían hacer un mejor trabajo que Él. En aquel entonces, las mismas batallas por el alma del hombre no eran diferentes de lo que son ahora. Después de la caída, la aparición de Adán y Eva puede crear motivos para preguntarse, ¿quiénes fueron las personas que les precedieron - pensé que el hombre comenzó con Adán y Eva?

La primitiva sociedad sumeria surgió durante el Neolítico o Nueva Edad de Piedra, entre el 10.200 A.C. y el 4.500 y el 2.000 A.C.. Por lo tanto, existió entre la era preadámica que comenzó alrededor del 8.000 A.C. y la creación de Adán y Eva alrededor del 4.000 A.C.

La población inicial de Sumeria habrían sido los humanoides de la edad de piedra temprana que no tenían el mismo ADN y reserva genética que Adán y Eva.

La religión evolucionó a partir de la humanidad de la época que observaba las estrellas, atribuyendo todo a varios dioses porque no conocían nada mejor. Lo esencial es que existía cierta conciencia espiritual. Sin embargo, el politeísmo fue la única religión en la antigua Mesopotamia durante miles de años antes de que otra fe y el cristianismo influyeran en esas creencias. Así que, desde el principio, con la adoración de múltiples dioses, uno puede asumir que Satanás estaba en control, y sus acciones reforzaron la noción. Como una civilización temprana que de repente recibió muchas criaturas avanzadas parecidas a dioses, la población, no sorprendentemente, presumió que eran dioses.

Lo que estos ángeles caídos hicieron los coloca firmemente en el campo de Satanás. Se aparearon con mujeres mortales y, como resultado, crearon gigantes en la tierra llamados los Nephilim.

> Génesis 6:1-2 Y aconteció que cuando _los hombres comenzaron a multiplicarse_ sobre la faz de la tierra, y _les nacieron hijas_, ²_los hijos de Dios vieron a las hijas de los_

hombres, que eran hermosas; y tomaron para sí mujeres de todas las que quisieron.

Los ángeles caídos ya no podían retener sus cuerpos celestiales, convirtiéndose así en carne y hueso y capaces de procrear con las hermosas hijas de los hombres terrenales produciendo gigantes, los Nefilim.

Las opiniones que cuestionan cómo se produce este apareamiento suscitan debates interminables. Debido a la falta de conocimiento, conducen a la pura especulación. Baste decir que los ángeles descendieron, que las Escrituras afirman que ocurrió - y que descubrimos gigantes para apoyar la acusación. La conclusión; se encontraron gigantes que apoyan la afirmación - las mujeres humanas parieron gigantes, con los ángeles caídos de alguna manera responsables. Poniendo el tiempo en perspectiva, cuando Dios creo a Adan y Eva alrededor del 4000 AC, los angeles caidos debieron haber aparecido mucho antes pero habian sido excesivamente pecadores en la tierra entre el 4000 AC y el diluvio alrededor del 2000 AC.

> (Génesis 6:5-8) ⁵Entonces , el Señor vio que la maldad del hombre era mucha en la tierra y que todo designio de los pensamientos de *su corazón era de continuo solamente el mal*. ⁶Y el *Señor se arrepintió de haber hecho al hombre sobre la tierra*, y se entristeció en su corazón. ⁷Entonces el Señor dijo: *"Destruiré de la faz de la tierra al hombre que he creado, tanto al hombre como a la bestia, al reptil y a las aves del cielo, porque me arrepiento de haberlos hecho"*. ⁸*Pero Noé halló gracia ante los ojos del Señor.*

La respuesta de Dios: destruir a todos menos a Noé y su familia en el diluvio. Génesis 6 afirma que habría gigantes después del diluvio. Se puede inferir de la afirmación que "También hubo gigantes después del diluvio" a pesar de las mejores intenciones de Dios, porque la maldad se trasladó con ellos. Como todos sabemos, la maldad está viva y bien en nuestra época, y estamos a punto de repetir la historia a medida que nos acercamos al final de nuestro tiempo.

Entonces, ¿qué otras acciones destructivas de los ángeles caídos provocaron la airada respuesta de Dios?

La frase de

> Génesis 6:5 "que todo designio de los pensamientos de su corazón (el de los hombres) era de continuo solamente el mal"

Génesis 6:5 lo abarca todo. A través de los ángeles caídos y su progenie, los Nefilim <u>enseñaron a las mujeres hechicería, encantamientos y la adivinación de raíces y árboles, es decir, brujería</u>. Como las tablillas sumerias eran anteriores a la Biblia, <u>sus escritos traducidos promovían la teoría de que</u> "Dios es un astronauta". Sin embargo, los cristianos saben que la idea no es un hecho.

Como antiguos ángeles, caídos o no, se podría suponer, estaban al tanto de muchos de los secretos del cielo. Podrian haber usado ese conocimiento para hacer muchas cosas asombrosas, incluyendo alterar geneticamente a la humanidad para ser parte hombre y animal. Esta suposición explicaría las muchas imágenes extrañas de los primeros imperios egipcios: parte animal, cuerpos humanos con cabezas de pájaro, etc. Según el método de datación por carbono C12, las tablillas databan del 5000 A.C., pero los investigadores nunca investigaron las creencias ideológicas asociadas. Así pues, hay varias cosas erróneas en la hipótesis del astronauta. Puesto que los sumerios fueron los primeros en utilizar la escritura, quienquiera que transformara inicialmente las escrituras verbales previas en las primeras tablillas cuneiformes podría afirmar que fue el originador de las escrituras. Sin embargo, dado que Satanás es el gran engañador, su reputación y las acciones de su progenie le delatan. Las historias bíblicas piadosas transmitidas verbalmente de generación en generación podrían ser conocidas por todo aquel dispuesto a escucharlas incluso antes de que Dios expulsara a Satanás. Sería natural que uno de sus cohortes de ángeles caídos, Enki, tomara la verdad de Dios y la doblegara para favorecer al Gran Engañador. Escribió la historia de la creación del hombre en catorce tablillas plagiando la información fáctica de los antiguos conocimientos bíblicos antes de que Dios los derribara. Por supuesto, se convirtió a sí mismo en un héroe en el proceso. Notablemente, no se reconoció que el diluvio fuera un castigo por el pecado de la humanidad, aunque admitieron que ocurrió en la narración sumeria de Enki.

Un estudio de diferentes culturas identificó a los "Luminosos" como "Ángeles de Dios". Otras descripciones definidas fueron "Vigilantes", que es también el significado del nombre Essen e "Hijos de la Luz". Las pruebas demuestran que los esenios escribieron los Rollos del Mar Muerto que las escrituras bíblicas reproducen con exactitud en los libros del Antiguo Testamento.

Sería seguro concluir que estos eran los representantes divinos durante este período. Las escrituras y los profetas crearon la Biblia: no las tablillas cuneiformes sumerias. A medida que se desarrolla la historia de Enki, culmina en un desastre nuclear al final de la era definida anteriormente. Los terrícolas están a punto de repetir el pasado y rehacer lo que sucedió hace generaciones en la primera extinción del hombre que se afirma ocurrió justo antes de Adán y Eva. Sin embargo, no está claro que tal evento ocurriera. Zecharia Sitchin hace además la siguiente afirmación en El libro perdido de Enki.

Eruditos y teólogos por igual reconocen ahora que los relatos bíblicos de la Creación de Adán y Eva, el Jardín del Edén, el diluvio y los textos de la Torre de Babel, escritos milenios antes en Mesopotamia, proceden de los sumerios. Ellos, a su vez, declararon explícitamente que obtuvieron su conocimiento de los acontecimientos pasados de una época anterior al comienzo de las civilizaciones, incluso antes de que la Humanidad llegara a existir, de los escritos de los Anunnaki ("Los que del Cielo a la Tierra vinieron") -los "dioses" de la antigüedad.

Aunque estoy de acuerdo en que las tablillas pueden haber dicho estas cosas, ciertamente negaría que fueran escritas o autorizadas por alguien que se parezca a nuestro Dios Bíblico. Al mirar sus hechos, todas estas acciones pertenecen a Satanás. En este caso, la verdad está en el ojo del que mira. Para los no creyentes en Dios y Jesucristo, cualquier excusa para afirmar que fuimos creados por "dioses" del espacio exterior es mejor que creer en la "verdad". Por otro lado, un cristiano ve las alusiones engañosas de Satanás de que todos somos Dioses en entrenamiento para hacer de las nuestras invocando poderes aprendidos de la maldad del mundo. A un no creyente no le importa que el panteón de deidades de aquel entonces no fuera más que una lista de ángeles caídos (demonios) elevados a múltiples posiciones divinas por Satanás, contrarias al Dios bíblico. La verdad es la verdad para el cristiano.

EL AQUÍ

La interpretación de Aquí debe ser: AHORA. ¿Cuáles son las condiciones actuales en la tierra que creemos que afectarán a nuestra salvación? Este libro empezó hace casi diez años. Estamos en el final de los tiempos, justo antes del regreso de Cristo, lo que significa que el Anticristo aparecerá pronto en escena. El mundo ya empieza a polarizarse hacia un camino independiente de Dios. El Anticristo ya empieza a hacer de las suyas: entonces, "¿quién es?"

El papel de Satanás

Dios solo ha dado a Satanás el dominio de los incrédulos que, a causa de su incredulidad, están ciegos a la gloria de Dios". ¿Cómo evolucionó este mal en nuestra tierra? Los libros de Daniel, Apocalipsis, Matthews, y numerosos otros cuentan la historia.

Debido a que Satanás estaba en el Jardín del Edén antes de tentar a Adán y Eva, *su primera caída de la gracia de Dios ocurrió antes de que Dios creara al hombre*. Entonces, ¿por qué nuestro SEÑOR arrojó a Satanás del cielo esta primera vez? *__Él quería ser Dios.__*

Ezequiel 28:12-15 describe a Satanás como un ángel sumamente hermoso, probablemente la más admirable de las creaciones de Dios; sin embargo, no estaba contento con su posición. **En lugar de eso**, Satanás quería permanentemente "echar a Dios de su trono *desde el Jardín del Edén*". Cuando Dios lo había arrojado del cielo, Satanás *seguía moviéndose libremente entre el cielo y la tierra*, conservando el acceso a Su trono, *hablando abiertamente a Dios* **al dar cuenta de**

sus actividades. Observe las muchas declaraciones orgullosas de "yo haré" en lo que sigue:

(Isaías 14:13-14): ¹³Porque has dicho en tu corazón: '**Subiré** a los cielos, ***elevaré*** mi trono sobre las estrellas de Dios; ***también me sentaré en el monte*** de reunión, en los confines del norte; ¹⁴ ***subiré sobre las alturas*** de las nubes, **seré semejante al Altísimo.'**

(Ezequiel 28:14-15): ¹⁴"Tú eras el querubín ungido que cubre; Yo te establecí; Estabas en el monte santo de Dios; Caminabas de acá para allá en medio de piedras ardientes. ¹⁵Eras perfecto en tus caminos desde el día en que fuiste creado; Hasta que se halló en ti iniquidad.

(Ezequiel 28:17). "Tu corazón se [a] enalteció a causa de tu hermosura; Corrompiste tu sabiduría a causa de tu esplendor; Te arrojé por tierra, te puse delante de los reyes, Para que te contemplasen. ***Satanás, como gobernante de la tierra***, ha cegado a los no creyentes para que no vean ni sepan nada de la gloria de Dios:

(2 Corintios 4:4): nos dice que: "a quienes el **dios de este siglo** (Satanás) **cegó** el entendimiento, a los que no creen, para que no les resplandezca la luz del evangelio de la gloria de Cristo, que es la imagen de Dios.

(Job 1:6-7): ⁶Hubo un día en que los hijos de Dios vinieron a presentarse ante Yahveh, y también Satanás vino entre ellos. ⁷Y Yahveh dijo a Satanás: "¿De dónde vienes?". Respondiendo Satanás a Yahveh, dijo: "De ir y venir por la tierra, y de andar de acá para allá por ella.

Así, de la escritura anterior, sabemos que aunque Dios arrojó a Satanás a la tierra, todavía le dio derechos de visita ante Su trono como un acusador para examinar la lealtad de Sus discípulos. El Todopoderoso permitió que Satanás pusiera a prueba a un justo "Job" quitándole todas Sus bendiciones para ver si permanecía leal a Él. Después de demostrar que Job no le rechazaba, Dios le dio todo antes de doblarle la medida. La autoría del libro de Job se remonta a la época de la Biblia, en la que Dios le dio a Job todo lo que tenía.

La autoría del libro de Job es incierta. Se especula que fue escrito por Moisés y se afirma que es uno de los libros más antiguos de la Biblia. Baste decir que alguien lo escribió antes del año 100 d.C., y podemos compararlo con el momento en que Dios revocó por completo los viajes de Satanás ante el trono. Ese día llegó el *23 de septiembre, 2017*, la fecha de cumplimiento de la profecía de Apocalipsis 12. En esa fecha, estalló la guerra en el cielo. Miguel y sus ángeles lucharon y vencieron contra el dragón con sus ángeles, por lo que el gran dragón, que engaña al mundo entero, fue expulsado: Dios desautorizó a Satanás para que siguiera teniendo derecho a presentarse ante Él a partir de ese día.

Ahora sabemos por qué las cosas han empeorado en los años posteriores a 2017. Es debido a la fecha anterior y un Satanás enojado.

Satanás Expulsado del Cielo

> (Apocalipsis 12:7-12): ⁷Y estalló la guerra en el cielo: Miguel y sus ángeles luchaban contra el dragón, y luchaban el dragón y sus ángeles, ⁸pero no prevalecieron, ni se halló ya lugar para ellos [a] en el cielo. ⁹***Fue arrojado, pues, el gran dragón, aquella serpiente antigua que se llama Diablo y Satanás***, el cual engaña al mundo entero; fue arrojado a

la tierra, y sus ángeles fueron arrojados con él. ¹⁰Entonces oí una gran voz que decía en el cielo: "Ahora ha llegado la salvación, y la fuerza, y el reino de nuestro Dios y el poder de su Cristo, porque el acusador de nuestros hermanos, que los acusaba delante de nuestro Dios día y noche, ha sido arrojado. ¹¹Y ellos lo vencieron por la sangre del Cordero y por la palabra de su testimonio, y *no amaron sus vidas hasta la muerte*. ¹²¡Alegraos, pues, cielos, y vosotros que habitáis en ellos! ¡Ay de los habitantes de la tierra y del mar! ***Porque el diablo ha descendido a vosotros, teniendo gran ira, porque sabe que le queda poco tiempo***".

Como resultado de la batalla de Miguel con Satanás, Dios revocó por completo su capacidad de interactuar con Él. Sabiendo que su tiempo es corto, los esfuerzos del diablo se centrarán en la tierra hasta que el Gran Día de Yahveh los barra.

Obama, el presidente

La Tribulación comenzará con una promesa de paz del Anticristo y los miembros de la iglesia apartándose de Dios. Las dos escrituras que nos lo dicen son:

(Daniel 9:27) ²⁷Entonces él [comentario: Anticristo] confirmará un pacto con muchos por una semana [comentario: 7 años]; Pero a la mitad de la semana, pondrá fin a los sacrificios y a las ofrendas. Y sobre el ala de las abominaciones estará el que hace desolación, hasta que la consumación, que está determinada, Sea derramada sobre la desolación".

(2 Tesalonicenses 2:3-4) ³ Que nadie os engañe en modo alguno; porque aquel Día [comentario: regreso de Cristo]

> no vendrá sin que antes venga la apostasía, y se manifieste el hombre de pecado, el hijo de perdición, ⁴que se opone y se levanta sobre todo lo que se llama Dios o es objeto de culto, de modo que se sienta como Dios[c] en el templo de Dios, haciéndose pasar por Dios. (2)

Aunque la persona que se convierta en el Anticristo puede no ser consciente del proceso hasta que ocurra, tendría todos los atributos bestiales.

Pero puede que aún no posea el espíritu maligno que le da sus poderes sobrenaturales. Por lo tanto, en su astuta artimaña, hará todo lo posible para engañar a las naciones haciéndoles creer que él es el Cristo retornado.

Recuerda que Antíoco, el brutal general de Alexandra que saqueó Israel y la Ciudad Santa en el año 164 A.C., **_será el modelo_** del Obama sin Dios: el Anticristo de 2020+.

Como presidente de los Estados Unidos, todas sus acciones fueron en contra de Dios. Cuando Obama firmó la ley del matrimonio homosexual, la Casa Blanca brilló con un arco iris a su alrededor, ya que se burló de Dios usando sus colores que rodean el trono celestial. La Biblia mostrará señales y maravillas de Dios para advertirnos de los acontecimientos venideros. Cuando Obama ganó las elecciones de 2012, el número ganador de la lotería en Illinois: fue el 666, la marca de la bestia. Pero, por supuesto, no se pueden encontrar pruebas de ello ahora porque la extrema izquierda nunca permitiría que ese hecho apareciera de nuevo. Sus travesuras impías en la Casa Blanca mostraron quién y qué era como persona; era homosexual casado con un hombre que se hacía pasar por su esposa, probado por fotos que mostraban un bulto en su vestido que no debería estar allí. Nada de lo que hizo reflejó nunca los valores cristianos; avalaba su estilo de vida al estar a favor del aborto, los matrimonios homosexuales y la homosexualidad, entre otros actos impíos. Una de sus acciones más atroces le pilló in fraganti al presentar un certificado de nacimiento de forma larga que era falsa desde el punto de vista forense.

Y, *a diferencia* de todos los presidentes que le precedieron, menospreció abiertamente el sermón bíblico de la montaña. Por lo tanto, su legado fue totalmente impío. Finalmente, y sin querer, se deslizó en una entrevista organizada y dijo: El sonido más dulce que conozco es la llamada musulmana a la oración. Un importante líder evangélico estadounidense acusó al senador Barack Obama de tergiversar deliberadamente la Biblia y de adoptar una "interpretación de pastel de frutas" de la Constitución de los Estados Unidos".

Hay varias formas de mentir a los no creyentes permitidas en determinadas circunstancias, la más conocida es la *taqiyya* (nombre chií). Estas circunstancias suelen ser las que hacen avanzar la causa del Islam -en algunos casos, En una declaración profética en uno de los programas de Jim Bakker, Sadhu, un profeta de Dios, dijo que Israel acabaría aceptando dividir su tierra para crear un Estado palestino a cambio de que el Templo judío sustituyera a la Cúpula de la Roca en el Monte del Templo.

La ONU siguió llevando anualmente a los miembros del consejo la votación para la partición de Israel. El resultado fue que Estados Unidos vetó durante **_70 años_** la votación de la Asamblea para la partición: hasta que Obama se abstuvo, permitiendo así la votación. Actualmente, 36 países, principalmente musulmanes, no reconocen a Israel. Sostienen que son los legítimos dueños de esa tierra y creen que deberían poseer todo Israel a pesar de que Dios dio ese territorio a los judíos en su pacto con Abraham. Aunque Dios no avaló el plan, sabía que ocurriría. Obama, absteniéndose del veto para no dividir Israel, traicionó los deseos de DIOS y, *en el proceso, muy* *probablemente lo identificó como el Anticristo*. Ignoró el precedente de todos los presidentes anteriores de U.S. que vetaron cualquier intento de forzar la partición de Israel en los últimos 70 años. Obama recogerá el bien intencionado marco del tratado del presidente Trump y Jared Kushner, Entonces, se convertiría en el héroe al cambiar la oferta financiera fallida y hacer limonada de los limones mediante la promoción de un Tratado de Paz completado y aceptable para todos hasta que se convierta en una mentira. El momento no podría ser mejor. Haría de Obama un favorito para convertirse en el próximo Secretario General de la ONU en 2022. Varios ministerios proféticos predicen que el asiento de la ONU será el trono emergente para el Anticristo- justo a tiempo para comenzar la WWlll: La Guerra Gog-Magog. Obama estará entonces en el asiento del gato-pájaro para impulsar la agenda del NWO que terminará con él afirmando, poco después, ser el Cristo regresado.

Una experiencia cercana a la muerte experimentada por un judío secular de quince años en 2015 le mostró de una guerra venidera. Cuando fue interrogado por un rabino de la iglesia, Él comentó: "Entonces, Irán se unirá a Obama, la ONU - toda la ONU. Sí, todos, Rusia, Corea del Sur - toda la ONU. Todos. **Las 70 naciones se levantarán contra nosotros.**

También, recuerda antes que en Daniel 9:26, la escritura nos dice que: Y *el pueblo del príncipe que ha de venir* destruirá la ciudad y el santuario.

Quiénes eran "el pueblo" del "príncipe que ha de venir"? Contrariamente a la creencia popular, no eran europeos; el "pueblo" era en cambio musulmán: es decir, tropas romanas reclutadas de los países árabes circundantes. Explícita en esa observación, el Anticristo, "Príncipe", también debe ser musulmán. "Hope of Israel Ministries" nos da la siguiente conclusión: Pruebas abrumadoras de historiadores antiguos definen la etnia de los "romanos" que destruyeron Jerusalén y el Templo en el año 70 D.C. como musulmanes. Los soldados romanos reclutados procedían de la población local de árabes y musulmanes que dominaban la región aquel día. Sirios, egipcios y tropas de Asia Menor componían las legiones romanas de Oriente Medio. Por lo tanto, el Anticristo es musulmán. El Anticristo, "Príncipe", también debe ser musulmán.

Una de las pruebas presentadas procede del libro, Soldiers, Cities, and Civilians in Roman Syria (University of Michigan Press, 21 de diciembre de 2000). El autor Nigel Pollard, Ph.D., catedrático de Historia Romana en la Universidad de Oxford, examinó la etnia, en detalle, de los soldados de las provincias orientales romanas durante el siglo I. Tras revisar a fondo los escritos académicos más recientes sobre el tema, se convenció de que la inmensa mayoría de los soldados que destruyeron el Templo eran principalmente sirios, árabes y de etnias orientales.

Surgió una vieja realidad. La destrucción de Jerusalén y del Templo se produjo porque los soldados desobedecieron a sus comandantes cuando les ordenaron apagar el fuego del Templo. Al fin y al cabo, su odio a los judíos superaba sus temores a los generales.

https://www.hope-of-israel.org/peopleofprince.html

Las personas a las que Dios castigaría tan severamente eran los no creyentes en Él y en su Hijo, Jesucristo. Aunque los versículos anteriores apuntan directamente a los países musulmanes, donde su pueblo ha albergado odio hacia Israel, el pueblo judío y los cristianos durante siglos, también debemos incluir a la población mundial por el odio que comparten. Nos guste o no, la cuestión fundamental es, ¿qué ocurre si no amamos a **Yahveh** tu Dios con todo nuestro corazón?

El renacimiento de Israel

Israel se convierte en un país

Al leer y estudiar las profecías bíblicas relativas a los últimos días, muchos signos a nuestro alrededor sugieren con fuerza que nos estamos acercando al regreso de Cristo y al final de la semana de Dios. En "El Príncipe de las Tinieblas", Grant R. Jeffrey enumera 38 profecías cumplidas en nuestra generación. Sin embargo, calcula que las probabilidades de que se cumplan solo seis de estas predicciones, en una generación, son de una entre 15.6 mil millones; las probabilidades de que se cumplan las 38 están más allá de lo comprensible.

Sin embargo, el renacimiento de Israel consolida todas estas cosas juntas y da credibilidad a la noción de que realmente estamos, presenciando un acontecimiento del "fin de los tiempos". El cumplimiento de la profecía de Ezequiel e Isaías el 14 de mayo de 1948, es esencial para iniciar la cuenta atrás. Sin la existencia de Israel, la presencia de las otras señales significaría poco. Los acontecimientos del fin de los tiempos giran en torno a este pequeño país, que parece estar siempre en las noticias. Es esencial entender que el renacimiento de Israel fue un acontecimiento profético bíblico: Dios los había dispersado por todo el mundo por romper su pacto al no obedecer los postulados de Dios adorando a los ídolos y no ayudando a difundir el evangelio. Sin Israel, otras profecías futuras no podrían suceder.

NASA_CMB_Timline

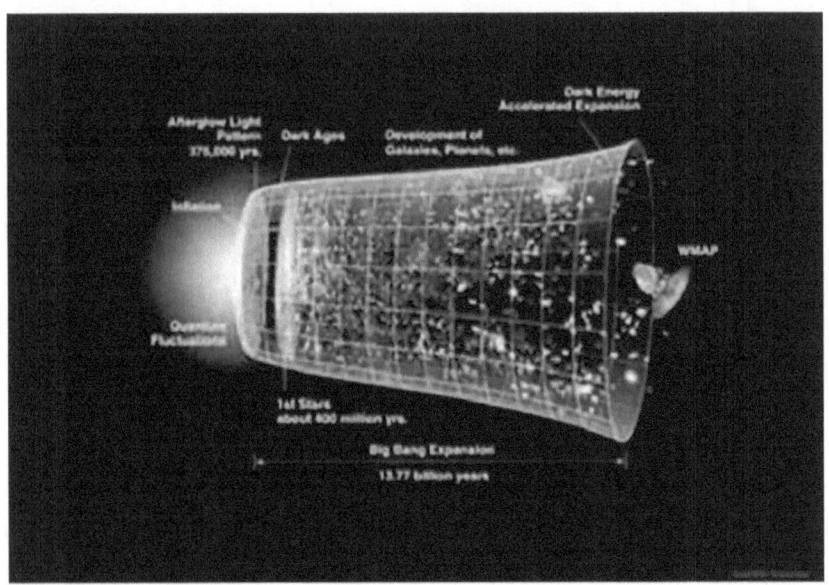

La teoría del Big Bang

En las décadas de 1920s y 1930s, casi todos los cosmólogos prominentes profirieron una teoría del Universo en estado estacionario eterno. Con la llegada de los científicos que orbitaban el telescopio Hubble en el espacio, la humanidad descubrió que el universo no era estático. La "Teoría del Big Bang" evolucionó utilizando las ecuaciones gobernantes de Alexander Friedman para explicar el nuevo universo en expansión. En 1929, Edwin Hubble descubrió que las distancias a galaxias lejanas eran proporcionales a sus corrimientos al rojo, como sugirió inicialmente Lemaitre en 1927. Su observación indica que galaxias y cúmulos a enormes distancias tienen una velocidad aparente directamente alejada del punto de observación del hombre cuanto más lejos, mayor es la velocidad aparente. Hoy en día, la mayoría de los cosmólogos del mundo creen en la Teoría del Big Bang. Nuestro universo comenzó con la explosión de una singularidad en un momento finito del pasado. Tenía de forma única una densidad y una temperatura infinitas.

La Biblia tenía razón. La física fundamental se rompe y sabe poco o nada de los acontecimientos anteriores. Por ejemplo, el ejemplo que se da en este libro es que hasta los años 50, las personas más brillantes del mundo decían que el universo siempre había existido y era estático. Adivina qué; estaban equivocados. La opinión predominante es la teoría del "Big Bang", que afirma que el universo empezó de la nada (una singularidad), como siempre ha dicho la Biblia. Esa singularidad era la "Palabra" de Dios, por lo que La Biblia sigue por delante de la comprensión científica. La humanidad aún no se ha dado cuenta o tiene miedo de admitir la verdad porque sería políticamente incorrecto.

¿Seis días de creación?

La Teoría del Big Bang, unida a la Teoría de la Relatividad de Einstein, puede explicar la disparidad entre los seis días de la creación y la edad reconocida del universo, aproximadamente 13.7 mil millones de años.

El telescopio Hubble puede ver galaxias, supernovas, etc., y estudiar estos acontecimientos en los confines más lejanos del espacio, acercándose hasta 380 millones de años a la fecha del big bang. A partir de estas mediciones, se pueden discernir las velocidades de separación de estas galaxias o supernovas lejanas y calcular la separación temporal entre ellas.

En un estudio, el físico autor Gerald Schroeder ("La ciencia de Dios" 1977) especuló que las expansiones anteriores ocurrieron más rápido que esta última. Según la teoría de la Relatividad de Einstein, Schroeder teorizó que el tiempo no es constante en todas las situaciones. Cuando el universo partió inicialmente del "Big Bang", el tejido del espacio se estiró a una velocidad cercana a la de la luz, provocando así una inflación instantánea que dio lugar a una "dilatación del tiempo". De este modo, Schroeder planteó la hipótesis de una nueva teoría; que se pueden relacionar matemáticamente los "miles de millones de años" del hombre con los seis días de la creación de Dios.

Por ejemplo: El primer día equivaldría a 8 mil millones de años, el segundo a 4, el tercero a 2, el cuarto a 1, el quinto día a ½, y el sexto día a ¼ de mil millones de años. El total de los seis días sería de 15.7 mil millones de años -cerca de la edad conocida del universo. Por lo tanto, la cronología actual daría que los seis primeros días de la creación tardaron 15.7 mil millones de años.

Los 125 millones de años calculados para el día 7 dan cuenta de todos los esqueletos que se han encontrado anteriores a Adán y Eva. Dios creó a Adán en el Jardín del Edén el séptimo día después de la edad de los neandertales. Al crear a Adán y Eva, Dios lo hizo en un paraíso que prometía mortalidad a través del árbol de la Vida. Sin embargo, Dios hizo inicialmente santos a Adán y Eva cuando santificó su creación. Sin embargo, cuando pecaron y perdieron el don inmortal de Dios, Él colocó querubines al este del jardín del Edén para impedir que lo recuperaran accediendo al árbol de la vida en contra de Su voluntad. No eran de la misma carne y sangre que los primitivos neandertales, sus precursores. Solo Dios puede crear vida; ¿por qué lo hizo así?

Las pruebas derivadas del análisis anterior, si son correctas, sugieren que Dios ha pasado por muchas iteraciones para llevar a nuestra raza humana a su momento actual. No tiene sentido que un Dios eterno supervise a la humanidad en nuestra era de 7000 años. Además, Satanás ha controlado la semana de 6 días antes de que DIOS celebre el Sabbath. Por lo tanto, Yo postularía que los datos muestran dos creaciones claramente distintas en los días seis y siete del Génesis. Satanás es el dueño de la semana de seis días. Pero, para compensar lo que Satanás hará en los primeros seis días, Dios reserva el séptimo día para que la gente se adore a sí misma y a su Hijo, Jesucristo. Hubo dos creaciones.

Además, el mapeo de *los seis días* de la creación toma los primeros 13.7 mil millones de años del universo; usando la misma técnica se calcula que el día siete proporciona otros 125 millones de años más que el día seis. Es demasiada evidencia para ignorar.

La semana de Dios a lo largo de este libro se compone de seis días seguidos de un día de descanso: el Sabbath. Satanás controla la semana y Dios el Sabbath. ¿Por qué la escritura anterior no seguiría el mismo protocolo de la semana de seis días identificando al varón y a la mujer como no creyentes mientras que el Sabbath santificado identifica a Adán y Eva en el séptimo día como creyentes? Si ellos fueran el mismo varón y hembra, ¿Él no santificaría la creación del sexto y séptimo día? En lugar de eso, emuló el sábado, el séptimo día, purificándolo adicionalmente. Como resultado, solo bendijo Su creación en el sexto día. Dios arrojó a Lucifer y a los ángeles en el séptimo día.

Dios arrojó a Lucifer y a sus ángeles del cielo antes de que Adán y Eva estuvieran en el Jardín del Edén. Estos ángeles caídos tuvieron que tener la capacidad de transformarse en carne y hueso para aparearse con mujeres de la tierra y dar a luz a los llamados Nephilim -los primeros gigantes de la tierra. Esta creación anterior tenía todos los atributos del Diablo-no había piedad.

Comentando la **Tabla 1**, al estimar el valor del día que se muestra en la página 67 del libro de Schroeder, "La Ciencia de Dios utiliza el redondeo del día uno calculado en 7.75 mil millones de años, aproximadamente un valor de 8 mil millones, como se muestra en la página 60. Esta técnica simplifica la comprensión del tiempo de cada día redondeando el valor calculado a un dígito más simple. Comenzando en el día uno después de 8 mil millones de años, le sigue el día 2 con una duración de 4 mil millones de años reduciendo a la mitad el día1, etc. Por tanto, observando la Tabla 1 bajo el epígrafe **"Inicio del día"**, utilizando la misma técnica, el final del día 6 es de .125.000 millones de años, lo que también se convierte en el inicio del día siete, **no** incluido por Schroeder. El punto crítico no es la precisión absoluta, sino la relación exponencial que enlaza estrechamente con la edad calculada del universo sin dejar de concordar con los días de la creación. Por tanto, los 15. 75.000 millones de años de Schroeder no incluían aún los días de la creación. 75.000 millones de años no incluían aún el tiempo del séptimo día; *es decir, los 125 millones de años* que yo añadí dan ahora *-15.875 millones de años, -- la nueva edad del universo.*

PÁGINA DE DERECHOS DE AUTOR

Forma de reconocimiento: Reimpreso con el permiso de Free Press, una División de Simon & Schuster, Inc., de LA CIENCIA DE DIOS: LA CONVERGENCIA DE LA SABIDURÍA CIENTÍFICA Y BÍBLICA por Gerald L. Schroeder. Copyright © 1997

Cuadro 1(Schroeder: del primer al sexto día; Talsoe, séptimo día)

Día Número	Inicio del día	Fin del día	Cum Semana de Dios	Descripción Bíblica
Primero	8 billones de años	4 billones de años	8 billones	"Hágase la luz" apareció la luz, llamada día aparecieron las tinieblas; llamada noche
Segundo	4 billones de años	2 billones de años	12 billones	Creó el firmamento en media de las aguas y lo llamó Cielo
Tercera	2 billones de años	1 billones de años	14 billones	Dios hizo brotar hierba, hierbas de semilla y árboles frutales
Cuarto	1 billones de años	.5 billones de años	15 billones	Dios creó el Sol, la Luna y las estrellas

Dios El Aquí, Más Allá:

Quinto	.5 billones de años	.25 billones de años	15.5 billones	21 Y creó Dios magníficos seres marinos y todo ser viviente que se mueve, con los cuales abundaban las aguas, según su especie.
Sexto día	.25 billones de años	.125 billones de años	15.75 billones	"Hagamos al hombre a Nuestra imagen, a imagen de Dios lo creó; varón y hembra los creó. Dios les dijo: "Fructificad y multiplicaos; llenad la tierra y sometedla; dominad a los peces, a las aves y a todo ser viviente que se mueve sobre la tierra." (Estos seres serían los primeros humanos prehistóricos anteriores a Adán y Eva)
Séptimo día	.125 billones de años	Actual ~ 6000 años de los 7000 previstos	15.87 billones	En el séptimo día, Dios terminó la obra que había hecho, y descansó en el séptimo día de toda la obra que había hecho. [Comentario: Dios debe haber descansado solo la primera parte del séptimo día porque creó a Adán y Eva después de eso. - ahora estamos en la última parte del séptimo día como lo describo en este libro". - muy cerca del final].

La *edad estimada* de la Tierra a partir de una "búsqueda en Google" es de **4.543** billones de años. De la nueva edad del universo de 15.875 billones de años, restando la edad de la Tierra se obtienen 11.33 billones de años y coincide con el día 2 del Calendario de la Creación. Este análisis indica que la Tierra estaba en su lugar después de 11-12 billones de años para permitir el día 3 y más allá. Sugiere además que la edad del planeta (4.543 billones de años) menos (el tiempo del día **3 al 5** o **3. 5.000 millones** de años) nos diría cuánto tiempo se tardó en poner en marcha la infraestructura necesaria para albergar vida en el día 6. Por tanto, hace **4.543 -3,5 =~1.043** millones de años, la Tierra estaba lista para los humanos en el día 6. Posteriormente, 1,043-. 25 [duración del día 6 (en miles de millones)] = **.793 mil millones o ~793 millones de años atrás aparecieron el hombre y la mujer; (Génesis 1:26-28)**. Más tarde, Adán y Eva llegaron en el séptimo día, que comenzó hace *~668 millones de años [793 millones de años - 125 millones de años]. Todavía estamos en ese último día de la creación cuando, alrededor de 4000 AC, Dios creó a Adán y Eva y ahora hemos avanzado a seis mil años desde su creación hasta nuestro año calendario actual de 2019: Una vez más, "El tiempo es corto"*.

Este rango adicional de 125 millones de años abarcará la datación de todos los huesos antiguos, siendo el más antiguo cercano a los 3 millones de años, muy dentro del rango de 125 millones de años. Esta explicación indica una correlación definitiva entre los días de la creación y la edad de la Tierra. También pone fin al debate de la teoría creacionista de la tierra joven que afirma que el universo, **la Tierra** y toda la vida fueron creados por actos directos de Dios durante un período relativamente corto, entre 5.700 y 10.000 años atrás. Bajo la hipótesis anterior, la Biblia tendría razón al afirmar que se necesitaron seis días santos más un día bendito para crear a Adán y Eva y el Universo. No dijo que tuviéramos que usar el calendario de Dios para traducir el tiempo en lugar del nuestro. Aunque no hay lógica terrenal que justifique dos días de creación separados, " [27]Así creó Dios al hombre a su imagen; a imagen de Dios lo creó; ___varón y hembra los creó___. Comparado con: el Señor Dios ___formó al hombre del polvo de la tierra, y sopló en su nariz aliento de vida___; *y el hombre se convirtió en un ser viviente*. La única razón por la que podría creer que Dios lo hizo de esta manera es que Él había santificado el día 7th como santo y querría crear a su progenie espiritual en ese día santo.

¿FUERON ADÁN Y EVA LOS PRIMEROS HUMANOS?

Con el tiempo, la humanidad se ha preguntado por qué los *paleoantropólogos* encontraron tantos esqueletos que datan de hace millones de años, anteriores a la fecha de creación estimada de ~4000A.C. para Adán y Eva. Además, el ADN humano contiene entre un 1 y un 10% de ADN neandertal, lo que demuestra claramente que existieron personas que se aparearon antes que Adán y Eva.

Si uno esperaba que Adán y Eva fueran las primeras personas, *una lectura atenta* de (**Génesis 1&2**) sugiere algo diferente. Al leer estos pasajes, uno puede fácilmente perderse la elección de palabras de Dios al definir sus creaciones:

(**Génesis 1:27-31**) En el día de la semana.

> ²⁷Creó, pues, Dios al hombre a su imagen; a imagen de Dios lo creó; *varón y hembra los creó*. ²⁸Entonces Dios los bendijo [Comentario: *los miró con buenos ojos*]. ³¹Y fue la tarde y la mañana **el sexto día**.

Nótese que Dios [hizo vivos] al varón y a la hembra: *[les habló]* y los bendijo. Así que este *hombre y esta mujer vivían* antes que Adán y Eva. ¿Quiénes eran?

(**Génesis 2:3,7**) En el día de reposo.

> ³Entonces Dios bendijo [Comentario: *Miró con buenos ojos*] el **séptimo día** y santificó [Comentario: hizo libre de pecado, es decir, Santo], ⁷Y Jehová Dios formó al hombre del polvo de la tierra, y sopló en su nariz aliento de vida; y el hombre se convirtió en un ser vivo.

Nota: Dios solo _bendijo el_ día de la semana, mientras que _bendijo y santificó_ a la vez el sábado. La definición de la palabra clave en cada escritura, _bendito_ es _un adjetivo_ que describe algo, mientras que _santificado_, [ser hecho Santo] _es un verbo_. Las primeras creaciones Masculina y Femenina fueron probablemente los Neandertales que precedieron a Adán y Eva. Fueron bendecidos por el momento de la creación, mientras que en la segunda creación, no solo fue bendecida sino también santificada, hecha Santa, diferenciando así entre creyentes y no creyentes,

Un adjetivo no tiene poder de cambio. Por lo tanto, en comparación con los Santificados, la primera creación siendo meramente bendecida son incrédulos mientras que los _santificados_, Santos, Adán y Eva son creyentes.

El punto de vista anterior muestra que Adán y Eva fueron Santos hasta que comieron el fruto prohibido. El período calculado da tiempo extra de sobra para dar cuenta de todos los esqueletos jamás encontrados anteriores a Adán y Eva. Dios creó a Adán en el Jardín del Edén el séptimo día después de la edad de los neandertales. Al crear a Adán y Eva, Dios lo hizo haciéndolos inmortales en el paraíso del Jardín del Edén antes de que cayeran. Sin embargo, no permanecieron inmortales después de la caída. Para asegurarse de que seguían siendo mortales, Dios colocó querubines al este del jardín del Edén para impedirles el acceso al árbol de la vida. Fueron los primeros de carne y hueso que se volvieron mortales al comer el fruto del árbol prohibido. No eran de la misma carne y hueso que los primitivos neandertales, sus precursores. Solo Dios puede crear vida; ¿por qué lo hizo así?

La bestia del mar

Según se desarrolla el futuro, estamos a punto de entrar en la tribulación, donde pronto descubriremos quién es el Anticristo. No obstante, pocos lo creerán. La bestia siempre ha estado aquí con su odio hacia los judíos y los cristianos -simplemente ha crecido y madurado.

(Apocalipsis 13:1-9) Entonces me paré sobre la arena del mar. Y vi una bestia que subía del mar, que tenía siete cabezas *[comentario:7 reinos]* y diez cuernos, , *[comentario: los cuernos son 10 reyes que surgen de "este reino de la bestia"]* ***y en sus cuernos diez coronas,*** *[comentario: por diez naciones no comprometidas]* ***y en sus cabezas un nombre blasfemo.*** ²***Ahora bien la bestia que vi era semejante a un*** *leopardo*, [comentario: representa a Grecia - 4 generales] sus pies eran como pies de oso [comentario: Irán/Persia], y su boca como boca de león [comentario: Babilonia]. **El dragón le dio su poder, su trono y gran autoridad.**

³Y *vi una de sus cabezas como herida de muerte, y su herida mortal estaba curada*. Y todo el mundo se maravilló y siguió a la bestia y adoraron a la bestia, diciendo: "¿Quién es como la bestia? ⁴***Así que adoraron al dragón que dio autoridad a la bestia;*** ¿Quién puede hacer la guerra contra él?" ⁵Y se le dio una boca que hablaba grandes cosas y blasfemias, **y se le dio autoridad para continuar durante** *cuarenta y dos meses* **[Comentario: 3,5 años]**. ⁶Entonces abrió su boca en blasfemia contra Dios, para blasfemar de su nombre, de su tabernáculo y de los que moran en los cielos. ⁷**Se le concedió hacer guerra contra los santos y vencerlos.** [Comentario: Tercera Guerra Mundial, guerra Gog-Magog]. Y le fue dada autoridad [Comentario: Anticristo] sobre toda tribu, lengua y nación. ⁸***Le adorarán todos los que habitan en la tierra,*** cuyos nombres **no están escritos** en el Libro de la Vida del Cordero inmolado desde la fundación del mundo. ⁹Si alguien tiene oído, que oiga.

Antes del reino otomano, el Imperio Romano era el que devoraba a todos los demás y tenía una pata occidental y otra medio oriental. Se presume que el remanente de la porción occidental es el conjunto eurocéntrico de naciones reunidas en torno a una moneda única. Como muestra el mapa de 1683 (Imagen 6), el Imperio Otomano consumía la pata medio oriental del Imperio Romano que había trasladado su capital de Roma a Constantinopla: rebautizada Estambul. Sorprendentemente, Estambul, la capital romana y del Imperio Otomano, tiene forma de cuerno pequeño: Acertadamente llamado el Cuerno de Oro.

La Bestia *será* la *séptima cabeza* aludida como "cuerno pequeño": el Anticristo, aún por venir (Daniel 8: 8-10). Había venido y se había ido sin que la gente se diera cuenta de que estaba aquí o de que se había ido. Desde el principio de Egipto hasta el fin en 1923 del Imperio Otomano, hubo una línea ininterrumpida de Imperios o Cabezas gobernando Oriente Medio. Las siete cabezas de la Bestia representan siete reinos o imperios unidos; Por lo tanto, si una cabeza es herida de muerte, toda la bestia muere. La bestia **que viste** era el Imperio Otomano Original simbolizado por el Leopardo que representa a Turquía y sus aliados. Al perder la Primera Guerra Mundial, Alemania hizo que el Imperio Otomano se fragmentara en países separados, matando así a la bestia.

Turquía es la nación restante que **intenta resucitar un neo-Imperio Otomano** *reestructurando el Califato.* **Sin embargo, ascenderá fuera del pozo sin fondo e irá al abismo, convirtiéndose en la 8ª bestia cuando se vuelva a conectar con las diez naciones musulmanas aún no comprometidas que formarán de nuevo el califato neo-otomano,** convirtiéndose en el **"es:"** **Satanás** del final de los tiempos. Prácticamente todos los países que rodean Israel son islámicos y por lo tanto habían absorbido la pata oriental remanente de Roma. Curiosamente, hoy, 28 de agosto de 2014, Turquía anunció una nueva Federación Califal como un paraguas para todas las naciones islámicas mientras escribo esto.

El jefe espiritual del mundo musulmán suní declaró recientemente que establecerían el Califato en Estambul: es decir el Cuerno Pequeño (Dorado Horn) profetizado en la Biblia. Turquía proporcionaría un centro para todos estos estados musulmanes, afirmando: "Este es el destino de Turquía". La confederación combinaría (wahabíes) suníes y persas (chiíes), sugiriendo que deberían resolver sus diferencias con un alegato de rechazo al terrorismo de los musulmanes radicales. Recep Tayyip Erdogan, el nuevo presidente turco, aceptó el mérito de impulsar a Turquía en esta nueva dirección.

Chicago: *El futuro califato musulmán, confederación en Turquía.., https:// www.youtube.com/watch?v=bp7v2svathQ (consultado el 10 de marzo de 2019).*

El análisis de la imagen de Daniel en Dan 2 sugiere que el reino sería como una mezcla de Hierro y arcilla que no se adherirían entre sí. «Árabe» en hebreo significa «una mezcla". Daniel alude además a estar mezclados diciendo: <u>"Se mezclarán con la simiente de los hombres, pero no se adherirán unos a otros"</u>, es decir, mezclados -- siendo árabes <u>[Comentario: no se asimilarán a otras culturas]</u>. Turquía fue la sede del Imperio Otomano, pero también fue la sede del Imperio Romano de Oriente cuando Roma trasladó su Capital a Constantinopla.

(Eclesiastés **1:9**) lo dice todo: ⁹Lo que ha sido es lo que será, Lo que se ha hecho es lo que se hará, Y no hay nada nuevo bajo el sol:

Mateo 24 describe una <u>tribulación masiva que nadie había visto antes</u>, que todavía no ha sucedido en nuestra vida.

Rechaza así los pensamientos de que la abominación anterior de ***Antíoco IV*** pudiera haber sido ese acontecimiento.

Además, Jesús, en Mateo 24, estaba hablando de un mal futuro, porque su conversación con sus discípulos tuvo lugar 200 años después de la discreción de Antíoco. Las interpretaciones dadas en

> (Daniel 8:17,19,26) del estado de Gabriel: ^{17}Entiende, hijo del hombre, que la visión se refiere al tiempo del fin," ^{19}porque al tiempo señalado será el fin ^{26}Por tanto, sella la visión, porque se refiere a muchos días en el futuro".

Todo lo anterior solo puede significar que es para el último día de la era. Daniel 8 y 11 es una escritura paralela a Ezequiel 38-39. Establecen plantillas de qué esperar en el futuro mostrando lo que ocurrió en el pasado. Siria, como Rey del Norte, está justo al norte de Israel. La designación del nuevo país bestia como "extremo norte" reconoce que la ubicación está más al norte que su predecesor: es decir, Siria será reemplazada por Turquía y sus aliados como el nuevo Rey del Norte.

La historia de cómo sucede todo esto es la siguiente: En la cima de su poder, Alejandro tuvo una muerte prematura convirtiéndose en el "cuerno roto", lo que resultó en su reemplazo por cuatro cuernos menos poderosos, generales, del antiguo Imperio Griego: (es decir, ***Grecia, Turquía, Siria y Egipto***). De los cuatro, **Turquía,** e*l Cuerno Pequeño*, se convertiría en Satanás y vencería a *Grecia, Siria y Egipto* formando el combinado **neo-Imperio Otomano** Califato del dragón.

A continuación se predice metafóricamente lo que vendría en el futuro mientras miramos hacia el fin de los tiempos..

> (Daniel 8:9-12) ^{9}Y de uno de ellos salió un cuerno pequeño [Turquía] que creció sobremanera hacia el sur [Egipto],

hacia el este, [Persia/Irán] y hacia la Tierra Gloriosa [Israel]. ¹⁰Y creció hasta el ejército del cielo [Satanás/Anticristo]; derribó [Desafía a Dios] a parte del ejército y a algunas de las estrellas hasta el suelo, y las pisoteó. ¹¹Él [Satanás/Anticristo] incluso se exaltó a sí mismo tan alto como el Príncipe del ejército [Comment: Cristo] y por él fueron quitados los sacrificios diarios, y el lugar de [f] Su santuario fue derribado. ¹²A causa de la transgresión, se entregó un ejército al cuerno [Imperio Neo Otomano con 10 naciones islámicas] para oponerse a los sacrificios diarios; y echó por tierra la verdad. Hizo todo esto y prosperó: es decir, El reinado de 7 años del Anticristo.

Cristo identificó este cuerno pequeño como el asiento de Satanás, designando así el trono de Satanás en _Turquía desde donde daría autoridad al Falso Profeta y al Anticristo_. La bestia se convertiría en el Imperio Otomano, acabando así con el Reino Romano de Oriente de la contienda. Además, la selección de Turquía también eliminaría a Europa o Estados Unidos para ese honor. Finalmente, con sus aliados, Turquía se convertiría en el rey del norte de Ezequiel 38 y 39, que luchará contra Dios en la guerra Gog-Magog tras la toma de Israel por el Anticristo: WWIII.

Hay que tener en cuenta que varias escrituras que definen a la bestia son Daniel 7, 8, y Apocalipsis 13, 17. Son consistentes y ofrecen diferentes detalles que son pistas para establecer la identidad de la bestia. La historia de la formación de la bestia se remonta a la época de la Segunda Guerra Mundial.

La historia de la formación de la Bestia se remonta a la muerte de Alejandro Magno. Tras su muerte, el imperio se dividió en la parte norte, que pasó a manos de los generales de Alejandro **Seléucida, Antíoco IV,** que recibió **Babilonia** y gran parte de las provincias orientales de Alejandro. ***En su apogeo***, el Imperio Seléucida incluía ***Anatolia*** central, ***Persia***, el ***Levante*** y ***Mesopotamia.***

Los nombres modernos de estos países son:

- Anatolia, *(Turquía moderna)*
- Persia, *(Irán)*
- Levante *Chipre, Hatay, Israel, Jordania, Líbano, Palestina y Siria*
- Mesopotamia *(Babilonia, "ahora Kuwait"), Afganistán, Turkmenistán, partes noroccidentales de la India y Pakistán.*

Las guerras profetizadas por Daniels entre los reyes del Norte y del Sur siguieron a la desintegración del Imperio griego tras la muerte de Alejandro. Antíoco formó parte de una serie de monarcas que desempeñaron su papel a lo largo del tiempo en la dinastía seléucida como rey del Norte. Reinó desde Antioquía, en Siria, mientras que el ***rey del Sur*** recibió la mitad sur del territorio, es decir, Egipto, y gobernó desde Alejandría. El rey del Sur usó ***Ptolomeo***, la versión secular del nombre de la dinastía.

Antes de analizar la simbología de la bestia, debemos señalar las diferencias entre la bestia ***identificada del mar*** y ***la de la tierra***. La del mar consiste en metáforas que correlacionan una nación con un animal determinado. Las naciones son Imperios. La criatura del mar evolucionó a partir de imperios en los que la nación sucesora absorbía y sustituía a su predecesora. El Apocalipsis sitúa a la bestia en nuestro futuro emergente. Tiene un cuerpo de ***leopardo*** que se identifica con la bestia más reciente, el Imperio Otomano, por las otras partes de su cuerpo. Aunque el monstruo, *en parte, es un Imperio o un Reino*, también se identifica indistintamente con la *organización satánica que lo guía: el dragón (Satanás), el Anticristo y el Falso Profeta*. Es la antítesis cristiana trina que consiste en Dios, Jesucristo y el Espíritu

Santo. *Como su líder político, el Anticristo hablaría en nombre de este reino*, lo que le permitiría maldecir a Dios y adorar al dragón.

La bestia anterior describe tanto atributos de una nación o imperio como cualidades humanas que implican que da intercambiabilidad entre sus características bestiales y las de su líder político. A continuación se muestra su desagradable delegación de poder:

La secuencia de los imperios tomada de TIME MAPS

https://www.timemaps.com/history/middle-east-1500bc/

(Apocalipsis 17:8-14) [8]La bestia que visteis era, y no es, y subirá del abismo e irá a perdición. Y se maravillarán los que moran en la tierra, cuyos nombres no están escritos en el Libro de la Vida desde la fundación del mundo, cuando vean la bestia que era y no es, y sin embargo es. [10]Hay: (a). También, siete reyes. (b) Cinco han caído, (c) uno es, y el otro aún no ha venido. (d) Y cuando venga, ha de durar poco tiempo. [11]La bestia que era, y no es, es ella misma también la octava, y es de los siete, y va a [f]perdición. [12]"Los diez cuernos que visteis son diez reyes que aún no han recibido reino, pero reciben autoridad por una hora como reyes con la bestia. [13]Estos son de un mismo sentir, y darán su poder y autoridad a la bestia. [14]Estos harán guerra contra el Cordero, y el Cordero los vencerá, porque Él es Señor de señores y Rey de reyes; y los que están con Él son llamados, elegidos y fieles".. Las fechas enumeradas mostraban cuándo ese imperio derrotó a su predecesor en la secuencia numérica.

Lo anterior muestra que Satanás no ha cambiado sus galones - aunque los diversos países pueden haber cambiado su nombre con el tiempo, son predominantemente musulmanes. Eso no quiere decir que se pueda pintar el país con brocha gorda deduciendo que no hay cristianos en cada uno de ellos; Dios nos llama a todos. Sin embargo, donde hay muchos islamistas radicales, los cristianos y los judíos serán perseguidos por los que los odian.

DANIEL 11

Para llegar a un determinado nivel de maldad, habría que esperar a que un General griego anterior llamado Antíoco IV Epífanes heredara el territorio de Levante para convertirse en el Rey de Siria tras la muerte de Alejandro Magno. Antíoco se convirtió en el modelo de Anticristo que la Biblia utilizaría para hacerse eco de su Abominación de la Desolación llegando en nuestro futuro:

Antíoco IV Epífanes fue el notorio Rey del Norte en Daniel 11, realizando la profanación previa del Templo Judío en 167 a.C. Sus enfrentamientos con Egipto ocurrieron aproximadamente en 330 -164 A.C.

La siguiente escritura de Daniel 11:1-39 presenta una narración que parafrasea las batallas entre "Siria", el Rey del Norte, y "Egipto", el Rey del "Sur", que evolucionaron hacia la persecución de Jerusalén por parte del Rey del Norte

> (Daniel 11:36-39) [36]"Entonces el rey [Comentario: Antíoco] hará según su voluntad: se exaltará y engrandecerá sobre todo Dios, hablará blasfemias contra el Dios de los dioses, y prosperará hasta que se cumpla la ira; porque se hará lo que está determinado [Comentario: persecución de los judíos]. [37]No tendrá en cuenta ni al [q]Dios de sus padres, ni al deseo de las mujeres, ni tendrá en cuenta a ningún dios; porque se exaltará a sí mismo por encima de todos ellos. [38]Sino que en

lugar de ellos honrará a un dios de fortalezas [Comment: Zeus]; y a un dios que sus padres no conocieron honrará con oro y plata [Comentario: adoración de ídolos], con piedras preciosas y cosas agradables. ³⁹Así, actuará contra las fortalezas más fuertes con un dios extranjero [Comentario: Zeus], al que reconocerá, y adelantará su gloria; y hará que gobiernen sobre muchos, y dividirá la tierra [Comentario: Israel] para [r]provecho.

Batallas Reales del Norte y del Sur del AT

(Daniel 8:23) ²³"Y en el último tiempo de su reino, Cuando los transgresores hayan llegado a su plenitud, *Se levantará un rey, De rasgos [a] feroces, Que entiende planes siniestros.*

(Daniel 11:31) ³¹Y [a]fuerzas serán reunidas por él, *y profanarán la fortaleza del santuario; entonces quitarán los sacrificios diarios, y colocarán allí* **la abominación desoladora.**

La *primera* batalla del reino de Ptolomeo con Antiochos IV comenzó en 170 a.C. debido a las exigencias de Egipto de devolver su propiedad reclamada, es decir, Coele-Siria. Antiochos atacó preventivamente Egipto, preocupado por su disputa, capturando al rey Ptolomeo y todo su territorio excepto Alejandría, que permaneció sitiada. Antíoco esperaba evitar disgustar a Roma permitiendo al rey egipcio, Ptolomeo VI (su hermano menor), Sintiendo que ahora controlaba Egipto, Antíoco retiró su ataque a Alejandría y se dirigió a casa. Mientras tanto, los consejos de Alejandría ya no amenazaban, sino que decidieron *elegir a un nuevo rey* llamado Ptolomeo (VIII Euergetes). Para evitar una guerra civil, los líderes de Alejandría eligieron estratégicamente gobernar conjuntamente con el rey original, su hermano menor (Ptolomeo VI).

Antíoco, ya sin el mando de Egipto, nunca perdió su intención de recuperar el control. En 168 a.C., dirigió un segundo ataque para recuperar Alejandría, con el objetivo más amplio de *sumar barcos para capturar Chipre*. Sin embargo, antes de llegar a Alejandría, fue bloqueado por un consejo romano con un mensaje del Senado para que cesara inmediatamente la batalla retirando sus ejércitos o se enfrentaría a la guerra con Roma. Antíoco acató.

Así, Antíoco, enfurecido por perder el control sobre su rey títere y frustrado además por Roma, negándole el derecho a volver a atacar Alejandría, En su lugar, atacó Israel. Los versículos 36-39 de Daniel 11 describen el saqueo y la devastación de Israel/Jerusalén por parte de Antíoco en los versículos 4045 antes de su plan de regresar a Siria. Teniendo un odio natural hacia los judíos tras su Pacto con Dios, proscribió los ritos y tradiciones religiosas de los fieles ordenándoles adorar a Zeus como dios supremo (2 Macabeos 6: 1-12). Este acto profanador de sacrificar un cerdo en el altar de *Zeus* en el Lugar Santo del Templo judío dio lugar al término bíblico "Abominación de la desolación", donde se decía a la gente que debían adorar al ídolo de Zeus o morir. Como los judíos se negaron a obedecer, Antíoco los persiguió severamente enviando un ejército para hacer cumplir su decreto. Masacraron a muchos y destruyeron Jerusalén a causa de su resistencia. La persecución de Antíoco a los judíos de Jerusalén fue entre 168 y 167 A.C. Los versículos siguientes, 40-45, implican una cosa, *pero la realidad es otra. Los eruditos afirman que los versículos anteriores son históricamente correctos, pero hay un misterio en las últimas cinco escrituras: 40-45.*

NT Nuevo Rey del Norte

> (Daniel 11:40-45) ⁴⁰"**En el tiempo del fin**" el **rey del Sur lo atacará**; y el rey del Norte, vendrá contra él como un **torbellino, con carros, jinetes y con muchos barcos;**

[Comentario: metáforas de armas de guerra] y entrará en los países, los abrumará y los atravesará. ⁴¹También entrará en la Tierra Gloriosa [Israel], y muchos países serán derribados; pero éstos escaparán de su mano: Edom, Moab, y el [s]pueblo prominente de Ammón [todos en Jordania]. ⁴²Extenderá su mano contra los países, y la tierra de **Egipto** no escapará. ⁴³Tendrá poder sobre los tesoros de oro y plata, y sobre todas las cosas preciosas de Egipto; además, los **libios y los etíopes** le seguirán los talones. ⁴⁴Pero noticias del oriente y del norte lo perturbarán; por eso, saldrá con gran furia para destruir y aniquilar a muchos. ⁴⁵**Y plantará las tiendas de su palacio entre los mares y el glorioso monte santo; sin embargo, llegará a su fin, y nadie lo ayudará.**

DISCREPANCIAS EN DANIEL 11:45-50

El acontecimiento sobrenatural se produce cuando Daniel 11:40 comienza **_explícitamente_** con: **_"En el tiempo del fin"_**. Esa frase solo aparece una vez en la Biblia: describe un salto desde la época de Antíoco antes de Cristo hasta el futuro de 2020+, donde el tiempo final de los últimos días se convertirá en el nuevo día, **_"En el tiempo del fin"_**, cuando el Señor regrese en 2020+. Antíoco se convertiría en el arquetipo prefigurador de nuestro futuro Anticristo aún por venir.

La frase *tiempo del fin* se refiere al período inmediatamente anterior al último día, **_"En el tiempo del fin"._** Apoya el tiempo específico del versículo 40 en Daniel 8:17, 11:35, 11:40, 12:4 y 12:9, refiriéndose a esta visión del fin de los tiempos, cuando el crecimiento del entendimiento debe suceder, terminando finalmente diciendo que el conocimiento aumentará y para cerrar los libros y sellar las palabras hasta **_el tiempo del fin: es decir, el día final._**

No puede haber ningún malentendido de que estamos **al final de la semana de Dios**, especialmente cuando el último versículo nos dice: **_"Sigue tu camino, Daniel, porque las palabras están enrolladas y selladas hasta el tiempo del fin"._**

Contrariamente a la historia, los versículos 40-45 infieren que ocurriría otra tercera guerra entre Egipto y el Rey del Norte: no ocurrió. Además, el último versículo, 11:45, dice: **_plantará_** [tiempo futuro] **_las tiendas de su palacio entre los mares_** [Mar Mediterráneo] *y el glorioso monte santo, pero llegará* [tiempo futuro] *a su fin, y nadie le ayudará.*

Al luchar contra el Anticristo y su ejército, esta última frase sugiere que Dios lo atrapa entre el Mediterráneo y el mar Muerto, donde lo mata.

(Dan 11:45) Y *plantará las tiendas de su palacio entre los mares y el monte santo glorioso*; pero llegará a su fin, y nadie le ayudará.

(Joel 2:20) "Pero alejaré de ti al ejército del norte, Y lo expulsaré a una tierra estéril y desolada, Con *su rostro hacia el mar oriental, [Mar de Galilea], Y su espalda hacia el mar occidental*; y subirá su hedor, Y se levantará su fétido olor Porque ha hecho [h] cosas monstruosas".

Dios había atrapado al ejército del Anticristo entre el Mediterráneo y el mar de Galilea, a 100 kilómetros de Meggido, el lugar del Armagedón.

Ese ejército había crecido desde la primitiva Bestia siria hasta un califato neo-imperio otomano que recogió diez naciones musulmanas al adquirir su tamaño. Se convirtió en el nuevo Rey del Norte, antiguo nombre bestial de Antíoco, en 168 A.C. Se conoció como Gog-Magog o indistintamente el neo-imperio otomano.

Si hubiéramos creído que la guerra entre el Rey del norte y Egipto tuvo lugar en 168BCE, Antíoco habría muerto en Judea luchando contra los judíos. En cambio, la historia nos dice que Antíoco pereció en una campaña contra el emergente Imperio Parto, y que Persia le proporcionó su tumba. Dado que Antíoco no murió en Judea, los versículos 40-45 reflejan el futuro. Entonces, ¿sería el acontecimiento del fin de los tiempos de Daniel *aún por venir* y situado en **los años venideros de 2020 y más allá?** Este monstruo será la nueva bestia adulta descrita anteriormente, nacida del **Imperio Otomano** y muerta por estar en el bando equivocado en la 1ª Guerra Mundial. Crecería a partir de las promesas de 10 países no comprometidos de apoyar al califato neo-otomano en la próxima batalla con Cristo en Armagedón.

> (Zacarías 12:2-3): ²"He aquí que yo pondré a Jerusalén por copa de embriaguez a todos los pueblos circunvecinos, cuando pongan sitio a Judá y a Jerusalén. ³Y sucederá aquel día que pondré a Jerusalén por piedra pesada a todos los pueblos; todos los que quisieren levantarla, ciertamente serán despedazados, aunque todas las naciones de la tierra se junten contra ella.

> (Apocalipsis 2:12-13) ¹²"Y al [f]ángel de la iglesia en Pérgamo Turquía escribe: Estas cosas dice el que tiene la espada aguda de dos filos: ¹³"Yo conozco tus obras, y dónde moras, donde está el trono de Satanás. Y te aferraste a mi nombre y no negaste mi fe ni aun en los días en que Antipas fue mi fiel mártir, que fue muerto entre vosotros, donde Satanás mora"..

De nuevo, esta interpretación nos dice que la bestia vendría de la pata medio-oriental del Imperio Romano, indicando que **será islámica**. Joel Richardson señala que todas las identidades anteriormente cuestionadas residen en Turquía, el último país de la bestia.

> (Lucas 21:20): nos advierte ²⁰"Pero cuando veáis a <u>Jerusalén rodeada de ejércitos</u>, sabed entonces que su *[comentario: Abominación de]* desolación está cerca.

El cuarto Caballo de Ceniza del Sello 4 da cuenta de la matanza del 25% de la población de la tierra por todos los motivos, es decir, por la espada, con hambre, muerte, y las bestias de la tierra sugieren guerra. La matanza de cerca de 1.9 mil millones de personas *justo antes de la mitad* de la tribulación indicaría el comienzo de la batalla por Jerusalén.

DESCUBRIMIENTO DEL ARCA DE LA ALIANZA

Lo más importante que hay que enumerar en ese período es el descubrimiento por Ron Wyatt del Arca de la Alianza, el mar muerto que cruza el arco de Noé, y el lugar de Sodoma y Gomorra. Ron había rogado a Dios que le permitiera conducir a alguien al cielo. Ron Wyatt ejecutó extensas excavaciones en la zona de la Tumba del Huerto durante aproximadamente diez años, Entonces, a las dos de la tarde del 6 de enero de 1982, Ron Wyatt irrumpió en una cueva debajo de la escarpa del Calvario, al norte de la muralla de Jerusalén. Contenía el Arca de la Alianza, la mesa de los panes de la proposición y varios otros objetos que no se veían debido a las pieles de animales, tablas y piedras que los cubrían. Dios usó a Ron para descubrir maravillosamente el Arca de la Alianza.

Dios usó a Ron para descubrir maravillosamente el Arca de la Alianza, el Arca de Noé y el punto de cruce del Éxodo por el Mar Rojo. Cuando Ron conoció a Cristo y creyó que había muerto por él, prometiéndole la vida eterna si lo solicitaba, hizo repetidas peticiones. "SEÑOR, quiero ser salvo", decía. Quiero estar en el cielo con mi familia. Esperaba que las cosas cambiaran, pero no lo hicieron. Como muchos de nosotros que tenemos las mejores intenciones de hacer lo correcto, el mundo se interpone, y nunca llegamos a hacerlo. La frustración sucede. En el caso de Ron, siguió orando para que Dios pusiera una carga, por las almas, en su corazón que no pudiera resistir. Rogó a Yahveh que le ayudara a encontrar algo que llevara a alguien al cielo. Dios respondió a la oración de Ron muchas veces.

Descubrimientos de Ron Wyatt

Mientras hacía turismo cerca de su hotel junto a la Puerta de Damasco, Ron caminó por una antigua cantera de piedra, conocida como "el escarpe del Calvario, no lejos de la tumba del jardín. Inició una conversación con una autoridad local que inesperadamente resultó ser el jefe del Departamento de Antigüedades de Jerusalén. Mientras paseaban por la zona del jardín, empezaron a hablar de reliquias romanas, y Ron le habló de su descubrimiento del Arca de Noé y de sus teorías sobre cómo surgieron las Pirámides. Entonces, en un momento mágico, Ron dejó de caminar, y su *brazo izquierdo, con mente propia, señaló de repente un montón de escombros que llevaban allí cientos de años. A continuación, su voz dijo involuntariamente, esa es la gruta de Jeremías,... el Arca de la Alianza está ahí abajo*. Se dio cuenta de que nunca había pensado en encontrar el Arca de la Alianza - ni siquiera lo había investigado nunca. Su nuevo amigo que caminaba con él le preguntó, ¿qué has dicho? Creo que esa es la Gruta de Jeremías, y el Arca de la Alianza está ahí abajo. Su amigo de Antigüedades le dijo que deberías excavar allí, y te daremos un permiso para excavar y un lugar donde alojarte, te harán la colada y te proporcionarán la comida. Sin embargo, la naturaleza conservadora de Ron le hizo decir: Tengo que ir a casa y buscar en las Escrituras y asegurarme de que esto es posible. Ron le dio las gracias y declaró que volvería después de regresar a los Estados Unidos. Afortunadamente, Ron y sus hijos estaban en Jerusalén porque Ron se había quemado gravemente por el sol al bucear en busca de piezas de carros en el Mar Rojo, y solo habían vuelto para esperar su avión de regreso a casa.

Ron sabía que había tenido un suceso sobrenatural con su brazo señalando y su voz diciéndole que el Arca de la Alianza estaba donde él señalaba. Desafortunadamente, la investigación no mencionaba el Arca más allá de Jeremías - nunca se volvió a mencionar hasta Hebreos 9 y Apocalipsis 19 cerca del final de la Biblia. Esta falta de reconocimiento ocurrió cuando los babilonios comenzaron la guerra que llevó al cautiverio de 70 años de Israel. Por lo tanto, creyó que todavía estaba en Jerusalén. Ron conjeturó que los Sacerdotes habían escondido el Arca en algún lugar cerca del borde de la ciudad antes de que el ejército la destruyera porque no había ninguna indicación en las Escrituras de que se la hubieran llevado como parte del botín del Templo judío que se dirigió a Babilonia. Por lo tanto, supuso que estaba entre el asedio de Babilonia y las murallas de Jerusalén.

Aunque la siguiente literatura apócrifa no está en los cánones bíblicos, es una parte de la historia religiosa que suena verdadera en relación a cómo el Arca de la Alianza encontró su camino hasta su actual lugar de descanso.

Esconder el Arca

Jeremías esconde la tienda de la presencia de Yahveh

> 2 Macabeos 2:4-8 4 Estos registros duplicados también nos dicen que Jeremías, actuando bajo la guía divina, ordenó a la Tienda de la Presencia de Yahveh y a la Caja de la Alianza que lo siguieran a la montaña desde donde Moisés había contemplado la tierra que Dios había prometido a nuestro pueblo. ⁵ Cuando Jeremías llegó a la montaña, encontró una vasta cueva, y allí escondió la Tienda de la Presencia de Yahveh, la Caja de la Alianza y el altar del incienso. Luego selló la entrada.
>
> ⁶Algunos de los amigos de Jeremías trataron de seguirlo y marcarle el camino, pero no pudieron encontrar la cueva. ⁷Cuando Jeremías se enteró de lo que habían hecho, los reprendió, diciendo: <u>Nadie debe saber de este lugar hasta que Dios vuelva a reunir a su pueblo y le muestre misericordia.</u> ⁸<u>En</u>

ese momento revelará dónde están escondidas estas cosas, y la luz deslumbrante de su presencia se verá en la nube, como se veía en la nube. tiempo de Moisés y en la ocasión en que Salomón oró para que el Templo fuera dedicado con santo esplendor.

El lugar de la crucifixión

Los romanos eligieron el lugar de la ejecución cerca de la ruta más transitada hacia el norte, fuera de la muralla de la ciudad. La mayoría de las personas entre Jaffa, Jericó, Damasco y Natal pasaban y veían las ejecuciones. Este camino habría sido natural porque las rutas hacia el sur, el este y el oeste, surcadas por grandes barrancos, hacían que el viaje fuera autolimitado porque el terreno era demasiado escarpado.

¿Cómo concuerda esta descripción con la Biblia? Los escritores evangélicos llaman al lugar de la crucifixión de Jesús *Gólgota* derivado de una palabra aramea que significa "la calavera". *Calvario* es la forma latina del nombre. Aunque las Escrituras no revelan la ubicación exacta del Gólgota, lo que ha provocado cierto debate, se limitan a afirmar que la crucifixión de Jesús tuvo lugar *fuera de* la ciudad de Jerusalén, aunque cerca de ella. El hecho de que los transeúntes se burlaran de Él indica que era un camino muy transitado, lo que concuerda con la descripción de Ron Wyatt del lugar que descubrió.

>Mateo 27:39 [39]Y los que pasaban le blasfemaban, moviendo la cabeza.

Los romanos recortaron tres zonas rebajadas en la base de roca que albergarían carteles que describían a la persona crucificada y su crimen. Según la Biblia, en el caso de Cristo, su crimen decía: Jesús, el Rey de los Judíos. De los tres agujeros frente a Cristo, dos eran para los ladrones crucificados a ambos lados de Jesús.

(Mateo 27:37). ³⁷Y pusieron sobre Su cabeza la acusación escrita contra Él: ÉSTE ES JESÚS, EL REY DE LOS JUDÍOS.

El único otro candidato fuerte para el posible lugar de la crucifixión es La Iglesia del Santo Sepulcro, justo fuera de las murallas pero al sur y al oeste del descubrimiento de Ron. Una opinión tradicional de larga data sostenida por los católicos romanos, los ortodoxos griegos, los ortodoxos armenios y, en menor grado, los coptos egipcios, los cristianos sirios, y etíopes es que la iglesia fue el lugar de la crucifixión y entierro de Cristo. Las creencias protestantes respecto a la crucifixión de Cristo se alineaban más cerca de la zona de excavación elegida por Ron, cerca de la Tumba del Huerto y El Lugar de la Calavera, al norte de la muralla. Ron comenzó a excavar en este lugar a lo largo de una escarpa en los terrenos de la Tumba del Huerto, donde previamente pronunció sus palabras involuntarias y señaló con su mano izquierda. Fue en un punto aproximadamente a medio camino entre la Tumba del Huerto y el Lugar de la Calavera.

Los intentos iniciales de excavación comenzaron, en 1978, en la zona señalada por Ron. Ese lugar contenía un enorme peñasco apenas expuesto sobre la superficie, lo que indujo a Ron a excavar varios metros hacia la derecha. Era un trabajo de proporciones descomunales en el que Ron y sus hijos removían toneladas de roca y escombros mientras lo rebuscaban todo en busca de algún artefacto. Esta búsqueda era un requisito del Departamento de Antigüedades que siempre exigía cumplimiento.

Al proceder a excavar en línea recta hacia abajo, observaron nichos en forma de repisa cortados en la cara del acantilado. Tras seguir buscando, vieron tres ranuras con una más pequeña en el lado derecho. Ron creyó de inmediato que en estos lugares estarían los carteles que describían el crimen de las víctimas crucificadas en tres idiomas: Griego, hebreo y latín. La advertencia, que explicaba la ofensa de las víctimas, tendría que aparecer a la vista de los transeúntes para ser disuasoria.

Mientras cavaba a 30 pies de profundidad a través del suelo a lo largo de la escarpa, Ron descubrió cuatro agujeros de crucifixión, 12x13x23 pulgadas de profundidad, en roca sólida, uno en un nivel más alto y a unos diez pies de distancia del acantilado. Encontró tres más en un nivel más bajo, cuatro pies más abajo y más lejos del acantilado. Jesucristo tenía el único agujero de la cruz, más alto, designado para la persona principal del grupo de los tres.

El arca encontrada

Un hermoso jardín junto al lugar de la crucifixión está al norte de la muralla de Jerusalén. En ese Jardín, a menos de 200 pies del lugar de la crucifixión de Jesús, Su tumba cincelada está en la cara del acantilado. En sus viajes anteriores, cuando encontró por primera vez el Arca de la Alianza, descubrió que la tapa de la caja de piedra se había roto y girado, Solo había unos 25 cm de espacio entre el techo y los escombros que cubrían los artefactos... Alumbrando con su linterna a través de la enorme pila de piedras grandes.., Las pieles de animales cubrían una mesa enchapada en oro con una moldura en relieve alrededor que consistía en un patrón alternado de una campana y una granada. Era la Mesa de Shewbread. Siguiente, Ron, con la adrenalina a flor de piel, miró a ver qué más se veía. Alumbrando el techo, divisó una grieta con una sustancia oscura y se arrastró lenta y penosamente sobre las rocas hasta la parte trasera de la cámara, donde vio una caja de piedra que se extendía entre las piedras. Supo que el Arca estaba en la caja de piedra cuya tapa se había roto por la mitad. Un extremo de la tapa de piedra se había deslizado hacia un lado, mostrando sangre seca en ambos bordes de la tapa rota. Encima del Arca, la grieta del techo estaba directamente sobre la abertura partida de la tapa, lo que permitía que la sustancia oscura cayera desde la grieta del techo hasta la tapa partida de la caja de piedra.

Ron se dio cuenta de lo que había sucedido en este momento serendípico: La sangre de Cristo había encontrado su camino hasta el propiciatorio del Arca de la Alianza oculta en el interior de esta cueva en el año 567 A.C.. Dios había dispuesto 600 años antes del nacimiento de Cristo que la sangre de su hijo llegaría hasta el propiciatorio tras su crucifixión. Este milagroso acontecimiento ratificó tanto la Antigua como la Nueva Alianza y cumplió la profecía de Daniel 9: 24 de "Ungir [con la sangre de Jesús] el Lugar Santísimo [El Arca de la Alianza]. Luego, con un terremoto, Dios había abierto una grieta desde la base de la cruz a unos dieciocho o veinte pies por encima del Arca para permitir que la sangre y el agua de Cristo fluyeran desde Su bazo roto hasta el Propiciatorio. Las réplicas luego sellaron el agujero para que el agua posterior de las tormentas a lo largo de los años no contaminara el lugar.

Ron observó que las crucifixiones no solían implicar mucha sangre, pero en este caso, el centurión clavó una lanza en el costado de Cristo para asegurarse de que estaba muerto. Así pues, esta crucifixión fue sangrienta: copiosas cantidades de sangre y agua brotaron del costado de Cristo. Además, Ron se movió de espaldas o boca abajo en viajes anteriores debido al espacio reducido. Así pues, durante sus tres primeras visitas, las imágenes salían "lavadas" o borrosas al tomar fotografías con diferentes cámaras.

En otro milagro, todo había cambiado; descubrió que la cueva que guardaba el Arca de la Alianza había quedado limpia. Todos los escombros habían desaparecido. Alguien había hecho lo que él esperaba: limpiar y arrastrar todos los escombros. En la cueva limpia había cuatro jóvenes que resultaron ser ángeles. Uno de ellos dijo que habían estado custodiando el Arca desde que Moisés había puesto las tablas de piedra en el Arca. Todo el mobiliario estaba en perfecto orden. El Arca de la Alianza estaba sentada contra la pared al final de la cueva. Tenía 12 pies de largo y 18 pies de alto, y la pared parecía ser de un hermoso cristal que irradiaba los colores del arco iris, como es, en el cielo, sobre el trono de Dios. También parecía servir como fuente de luz para la cámara. La mesa de los panes de la proposición, el candelabro y el altar de oro del incienso estaban extendidos en el templo terrenal. Los ángeles levantaron el propiciatorio, y Ron, maravillado, estimó que el propiciatorio, siendo de oro macizo, pesaba unas 900 libras. Las tablas de piedra estaban en el Arca de la Alianza, y Ron las sacó con la ayuda de los cuatro ángeles a petición de éstos. Los ángeles le dijeron a Ron que Dios quería que todo el mundo las viera, y ahora están disponibles para mostrarlas cuando llegue el momento adecuado.

Ron entregó las tablas al ángel, quien las puso en un estante de piedra cerca de la entrada original usada para esconder el Arca más de 2500 años antes. *El ángel le dijo entonces a Ron que se mostrarían con la sangre cuando la marca de la ley de la Bestia fuera aprobada y estuviera en vigor*. La "Ley de la Bestia" se presume cuando la ley dominical da al domingo *el único día de culto para todas las religiones*. Esta ley hecha por el hombre requerirá que usted rompa los diez mandamientos de Dios. Nada había cambiado mucho desde los días de Cristo en la tierra cuando les había dicho a los fariseos en Mateo 15:9, [9] y en vano me adoran, enseñando como doctrinas mandamientos de hombres. Recibirás la marca de la bestia si guardas esas leyes hechas por el hombre y rompes los diez mandamientos de Dios.

La exhibición de la evidencia de Dios será presentada por una persona de Su elección para ser vista por el mundo. Esta cinta de video del Arca, grabada por Ron Wyatt, será la evidencia científica que mostrará la ley eterna de Dios escrita con Su dedo en piedra. La sangre de Jesús, que tiene un conteo cromosómico de 24, derramada sobre el propiciatorio del Arca, prueba innegablemente que Él es el Hijo de Dios. *Esta prueba irrefutable será el testimonio de Dios al mundo del sacrificio de Su Hijo por la humanidad perdida.*

(Salmo 89:34) ³⁴ No romperé mi pacto, ni mudaré la palabra que ha salido de mis labios.

Dios nos dice que no romperá Su contrato con nosotros ni modificará las cosas que ha dicho al entregar Su ley, los Diez Mandamientos escritos en piedra en la cima de la montaña. Si guardas esa ley, recibirás el sello de Dios. *Pronto habrá un conjunto de leyes hechas por el hombre con el objetivo de crear un gobierno de un solo mundo con una religión de un solo mundo como se profetiza en el libro de Apocalipsis en la Biblia, donde todos los que cumplan recibirán la marca de la bestia.*

La sangre de Cristo

Actuando a petición de uno de los ángeles, Ron raspó un poco de sangre seca de los lados y la tapa de la cubierta para el análisis cromosómico. Como la sangre seca está muerta, Ron pidió a la gente del Laboratorio en Israel que realizara su investigación; Le dijeron que, aunque podían obtener ADN y alguna otra información, no podían obtener un recuento de cromosomas a menos que la sangre estuviera viva y sana. Sin embargo, planeaban reconstituir la sangre en una solución salina durante 72 horas a temperatura corporal con un ligero y suave movimiento de remolino. Ron declaró que quería estar allí cuando lo comprobaran. Le dijeron que de acuerdo. Cuando llegó para ver los resultados, indicaban sangre humana. Ron les pidió que tomaran algunos glóbulos blancos, que los pusieran en un medio de crecimiento y los mantuvieran a temperatura corporal durante 48 horas. Los técnicos del laboratorio dijeron que eso no serviría de nada porque la sangre estaba muerta. Ron les pidió que, por favor, le siguieran la corriente y lo hicieran. Los técnicos accedieron y, en ese medio de crecimiento, se convirtieron en glóbulos blancos vivos. Haciendo lo que Ron pedía, la sangre cobró vida y, en 48 horas, dio un recuento *cromosómico de 24*. Después de charlar entre ellos en judío durante un rato, preguntaron: ¿De dónde has sacado esta sangre? ¿De quién es la sangre? *Ron, llorando, dijo: es la sangre de vuestro Mesías. Esta sangre es única; es la sangre de Jesucristo*. Ron también dijo: Te aseguro que la vida de esos hombres ha cambiado.

La información sobre la sangre de Cristo que prueba que era el Hijo *de Dios* es particularmente digna de mención. Su recuento de cromosomas era de 24, 23 de la madre, y una "y" del padre, lo que indica que no era humano sino de Dios. Las personas tienen 46, 23 del padre y 23 de la madre. 22 de los 23 pares de autosomas son típicos tanto para hombres como para mujeres. El par 23 para una mujer promedio es Xx, y el masculino es Xy. El recuento cromosómico de 24 de Cristo significa que obtuvo todos los rasgos físicos de los 23 de su madre, porque solo un cromosoma y añadido daría 24. *Esta sangre prueba concluyentemente que procedía de un nacimiento virginal.*

Conclusión de Ron Wyatt

Lo que me gustaría que cada hombre, mujer y niño en esta audiencia recordara, si olvidan todo lo demás, es que Jesucristo, el Hijo del Dios Viviente, en plena cooperación con su padre, nos amó hasta el punto de que estuvieron dispuestos a dar la vida de su hijo en nuestro nombre. Está hecho, amigos; hemos sido comprados con el precio, pero no nos servirá de nada a menos que vayamos al Padre en el nombre y la sangre de su hijo y pidamos perdón y restauración a su semejanza. Como pueden ver, soy un hombre relativamente viejo; ha habido algunas experiencias que he encontrado a lo largo del camino, algunas útiles, algunas educativas, y algunas dejando cicatrices detrás. Pero una lección importante aprendí cuando conocí a Cristo por primera vez y creí que había muerto por mí; Él dijo que la vida eterna estaba disponible bajo petición. Bueno, hice esa petición repetidamente, SEÑOR: Quiero ser salvo, quiero estar en el cielo, y quiero que mi mamá, mi papá, mis hermanos, mis hermanas, y mi vieja abuela también estén allí. Recé esas oraciones, y mi vida no cambió nada. Era una lista; Hice lo que Pablo dijo que había hecho. Sabía que no debía hacerlo, pero lo hice. Cosas que quería hacer, cosas buenas... nunca llegué a hacerlas. No podía arreglármelas de una forma u otra, así que le pedí al SEÑOR que me ayudara a salir de este horrible lío. Me impresionó pedirle que pusiera una carga por las almas en mi corazón que no pudiera resistir. Empecé a rezar por eso. Él lo hizo, y ama a todo el mundo en toda esta tierra. *Si Él quiere que vaya por ahí y comparta sus increíbles artefactos y palabras de luz, y Él me ayudó a hacerlo, seguiré en ello. Cuando empecé a rezar para que Dios me cambiara y hiciera lo que fuera necesario para permitirle trabajar en mí y a través de mí para ayudar a otros a salvarse, las cosas empezaron a cambiar.* Eso es lo que les recomiendo que hagan, amigos.

Debéis pedir al Padre en el nombre y la sangre de su Hijo que entre en vuestra vida a través del poder de su Espíritu Santo, os perdone, os limpie, os ayude a dejar de pecar y os ayude a reflejar su carácter hasta el punto de que la gente se sienta atraída hacia Él por vuestra influencia. Cuando llegue al cielo, voy a mirar a mi alrededor, y quiero ver a todos allí. Tú puedes lograrlo con la ayuda de Dios. Cristo está aquí esta noche. Él dice que donde dos o tres se reúnen en mi nombre; yo estoy allí en medio de ellos. Por favor, aprovecha esta fantástica oportunidad..

Autenticidad

Ofrezco la siguiente declaración de su sitio para aquellos que dudan de la autenticidad de lo que Ron ha descubierto.

http://www.arkdiscovery.com/gruver.htm

Testimonio de Henry Gruver sobre la prueba de la sangre de Cristo:

Alrededor de 1990 en Phoenix, Arizona, en la Full Gospel Business Men's Fellowship (FGBMF), Southwest Regional Convention, yo estaba en la mesa cuando Demos Shakarian, fundador de la FGBMF. Demos había montado una reunión especial con Ron Wyatt. Además, estaban presentes un abogado y un especialista en documentos. El propósito de la reunión era validar los certificados que él había recibido de los laboratorios, probando la autenticidad de las muestras tomadas de sus descubrimientos.

Ron tenía una carpeta azul de tres anillas que contenía esos certificados en protectores de documentos de plástico. Incluía certificados de seis laboratorios -tres en EEUU, uno en Jerusalén, uno en Alemania, y otras declaraciones de sus pruebas de laboratorio.

Uno de los certificados de resultados de laboratorio se refería a los cromosomas de la sangre seca que Ron descubrió en la cueva bajo los agujeros de la cruz que habían fluido hacia el Arca de la Alianza. Otro resultado de laboratorio se refería al descubrimiento de Ron del Arca de Noé. Confirmaba que el espécimen era, de hecho, un trozo de "madera petrificada y laminada" con "resinas" intermedias, que son "actualmente desconocidas para el hombre".

Cuando Ron abrió su carpeta azul de tres anillas, el especialista en documentos le pidió permiso para sacar los certificados de sus carpetas de plástico. Ron concedió permiso a regañadientes para sacarlos de los protectores de documentos, siempre y cuando no manipulara los documentos ni realizara pruebas de tinta en las firmas. El hombre los sacó del plástico y miró detenidamente cada certificado. Tenía un libro gigante y grueso, de ocho por once pulgadas y unos quince centímetros de ancho. En él, había traído los nombres y los datos de todos los laboratorios de los países en los que Ron se había hecho pruebas de laboratorio. En su libro, podía buscar cada laboratorio, los números de registro y comparar todas las firmas con las de los certificados. Así, podía validar los números de registro de cada documento. Como haría un joyero, su técnica miraba cada firma con una lupa. Cuando terminó de escrutar cada una, dijo: "Verificaría la autenticidad de estos documentos ante el máximo tribunal de esta tierra". Y en aquella época era un especialista en documentos registrado en la nación.

CAMADA DE TURÍN - Prueba de la resurrección

La Sábana Santa de Turín utiliza su imagen bíblicamente correcta del anverso y reverso completos para validar la resurrección de Jesucristo. La tela demuestra la existencia de Dios con pruebas impecablemente alineadas. Las fotos del anverso y reverso totalmente alineadas solo podrían proceder de la energía de la resurrección entre las sábanas. La pregunta subyacente es: ¿por qué algunas personas no creen en las pruebas?

Aunque los creyentes no necesitan pruebas debido a su fe, las siguientes evidencias pueden impresionar a los incrédulos. La Sábana Santa de Turín es el supuesto sudario funerario de Cristo. Una cubierta extendida envolvía el cuerpo, de la cabeza a los pies, empezando por los pies y subiendo, alrededor de la cabeza, y vuelve a bajar hasta los pies. Muestra una imagen del cuerpo tanto en la sábana superior como en la inferior que se registra con precisión entre ambas y muestra todo el trauma de una crucifixión coherente con la descripción bíblica de lo que soportó Cristo. Las imágenes del sudario son "negativos" esenciales del cuerpo que, al ser fotografiados, muestran una foto "positiva"; Al igual que en la fotografía Un físico de partículas ha dicho que una fuente de energía indeterminada entre las dos sábanas tuvo que haberse manifestado y tomado la foto para crear la imagen perfecta de arriba abajo. Aunque no sabe cuál fue esa fuente de energía, el físico afirmó que tuvo que haber ocurrido... En mi opinión, la imagen resultó de las variaciones de energía de radiación causadas por los cambios de espaciado entre las sábanas y el cuerpo. Dio lugar al perfil de decoloración chamuscado del sudario. La cobertura a las partes más cercanas de la figura proporcionó el aspecto más oscuro, como un negativo ordinario usado en fotografía. Como en fotografía la imagen tomada del sudario invierte los puntos más negros dando la imagen con aspecto de "rayos X" que muestra los rasgos faciales -todo esto más de 2000 años antes de que nadie supiera nada de fotografía. En un experimento de apoyo, el Dr. Accetta inyectó en sus venas una solución radiactiva utilizada habitualmente en procedimientos de rayos X. www.shroud.com/dallasmt.htm.

Conclusiones: Un modelo de radiación emisora puede explicar mejor algunas características esenciales de la imagen de la Sábana Santa. Ningún otro estudio con modelos humanos se ha aproximado con tanta fidelidad a la imagen de la Sábana Santa". El relato afirma que la "radiación" de las venas, que retiene el fluido caliente en el cuerpo cuando se escanea fuera del cuerpo da un efecto similar visto en la Sábana Santa de Turín sin tanto detalle. Sin embargo, el efecto acumulativo estaba lejos de emular la imagen de la Sábana. La explicación científica de la radiación "dadora de vida" es desconocida.

©1978 Barrie M. Schwortz Collection, STERA, Inc.

Además de eso, había información en 3D que permitía a un sofisticado software crear una imagen de cuerpo entero. Por el contrario, en cualquier otro modelo en 2D, construir una imagen en 3D a partir de detalles en 2D daba lugar a graves distorsiones. En mi opinión, compartida por muchos otros, esa fuente de energía era el estallido de vida procedente de la resurrección de Cristo mientras estaba encerrado por la Sábana Santa. Existe un conjunto de leyes secretas de la física, aún desconocidas para la ciencia. Además, el estudio demostró que no hubo pigmento de pintura involucrado en la creación de la imagen. La mancha de los hilos mostró solo una millonésima de pulgada de penetración, lo que hizo suponer a los investigadores que fue una emisión similar a la de los rayos X la que causó la quemadura por radiación. Usando ese análisis, la Sábana Santa en sí valida completamente la Biblia.

En un artículo de (Williams) Peter S. Williams, "The Shroud of Turin: **A Cumulative Case for Authenticity"**, resume este excelente tratado. Afirma:

La Sábana Santa es quizá el artefacto más intensamente investigado de la historia. Ha estado bajo el escrutinio de muchos eruditos e investigadores, incluyendo historiadores, arqueólogos, químicos, físicos, botánicos, ingenieros, médicos, patólogos forenses y expertos en pintura, fotografía, textiles, filosofía teología y filosofía teología apologética.

Fotografiada por primera vez en 1898, la imagen era análoga a un negativo similar al proceso fotográfico actual. Sin embargo, al filmar el sudario se obtuvo una impresión positiva que se parece a la descripción de Cristo en la crucifixión. La afirmación es que ahora algunos científicos creen en su autenticidad con más facilidad que los cristianos medievales.

Las primeras "dataciones de carbono" defectuosas, que indicaban que era un fraude, se debieron a una mala decisión al cortar una muestra de una esquina de la Sábana dañada por el fuego. Investigaciones posteriores han demostrado que la tela sí data de la época de Cristo. Además, un artista, para falsificar la Sábana Santa, habría tenido que hacer alguna de las siguientes tareas improbables:

Sábana Santa de Turín - imagen de la cara

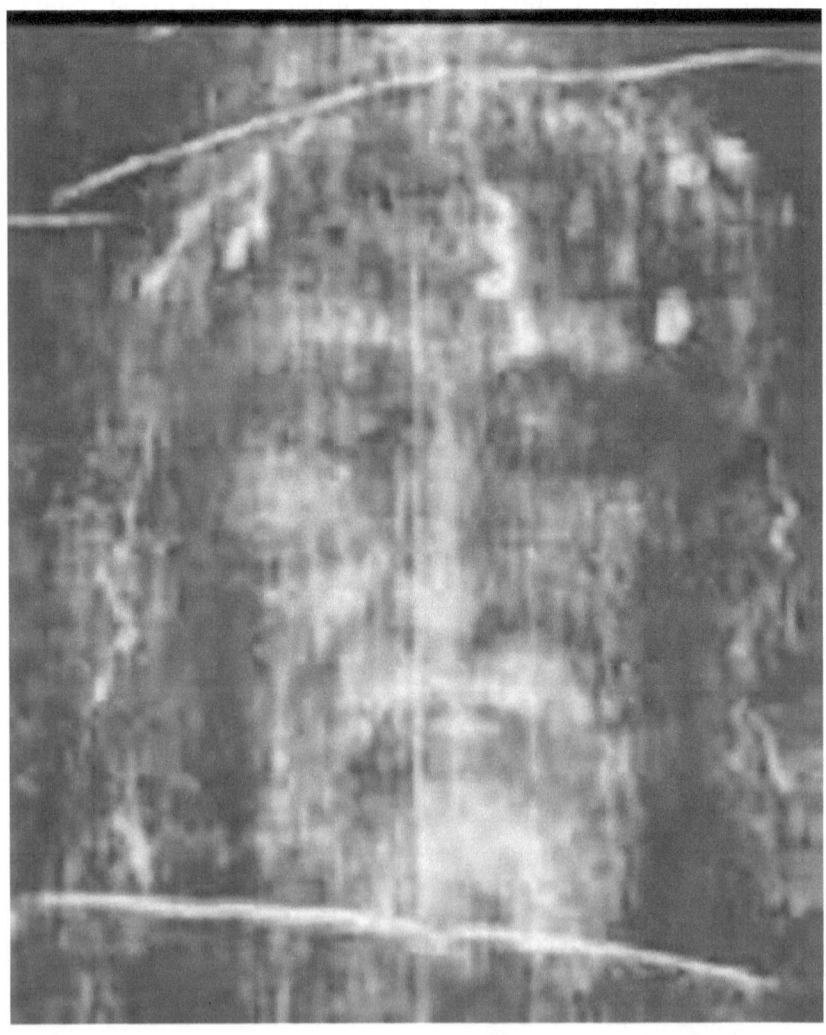

Requisitos para la réplica falsa

1. Encontrar un paño funerario del siglo I de Jerusalén con el tejido correcto.
2. Pintar un humano anatómicamente perfecto utilizando un nivel de conocimientos médicos por lo demás desconocido en el siglo XIV. Estos datos concuerdan con el entierro de Jesús descrito en los evangelios
3. Pintar el cuerpo en negativo fotográfico, siglos antes de la invención de la fotografía.
4. Utilizar una tela funeraria del siglo I de Jerusalén u obtener y "salar" una tela adecuada (con el tejido apropiado del siglo I) con polen de las flores justas
5. Pintar flujos de sangre en perfecta concordancia forense con la muerte por crucifixión
6. Hacerlo utilizando sangre rara del limitado grupo AB con una cantidad significativa de bilirrubina.

Otras pruebas

7. No había señales de pinceladas o pigmento de pintura.
8. La imagen creada sobre la sangre del sudario mostraba que ocurrió postmortem.
9. Las observaciones de la explosión atómica de Hiroshima mostraron imágenes de sombras fotográficas dejadas en las paredes de los edificios de las personas muertas en la explosión, similares a la imagen del sudario.
10. La sangre del sudario mostraba 22 autosomas más 1 cromosoma Xx de la madre con un solo Y masculino, igualando a 24 en total, lo que indica un nacimiento virgen.
11. Una ráfaga de energía de un láser de longitud de onda corta dio manchas similares a las de la Sábana Santa.
12. La información 3D, codificada en la imagen, permite generar

por software un holograma a partir de detalles 2D que, de otro modo, en cualquier otro caso, darían lugar a graves distorsiones.

En resumen, los datos completos, cuando se evalúan estadísticamente, muestran que la probabilidad de fraude de la Sábana Santa era de una entre 82.944.000. Si se convierte (1-1/82994000) a porcentaje, se obtiene una probabilidad del (99.99999879%) de que fuera el sudario funerario de Cristo; --- Por lo tanto, los datos presentados predicen convincentemente que el Sudario de Turín cubrió al Hijo de Dios. Por lo tanto, valida la presencia y resurrección de Jesucristo, y, en verdad, la Biblia es la palabra de Dios.

AKIANE

Dios enseña a Akiane a pintar

De vez en cuando Dios regala a la humanidad un don como un niño prodigio que puede mostrar las maravillas de Su Gloria. Tal don es Akiane Kramarik, que a los cuatro años le dijo a su madre: "Dios me está enseñando a pintar". Además de eso, Dios estaba fuera para hacer un punto porque ambos padres de Akiane eran ateos. Como ateos, los padres, inicialmente, nunca hablaron de religión, nunca oraron juntos, y no asistieron a la iglesia. Así que el primer intercambio de Akiane de su visión con su madre salió como:

"Hoy he conocido a Dios", me susurró Akiane una mañana.

Su madre pensó: "¿Qué es Dios?". Me sorprendió oírlo; el nombre de Dios siempre sonó absurdo y primitivo.

"Dios es luz: cálido y bueno".. "Lo cuenta todo y habla conmigo. Es mi padre".

Al pedirle que contara más sobre su sueño, su respuesta:

"No era un sueño. Era real". (pg7 - 63palabras)

A los cuatro años, Akiane empezó a dibujar cientos de figuras y retratos. Su casa se convirtió en su caballete con dibujos que cubrían las paredes blancas utilizando carbón de chimenea o manchas de frutas o verduras para que fueran sus pinturas equivalentes.

Un día sus padres se dieron cuenta de que tenía manchas blancas en los dientes delanteros. El hermano de Akiane se chivó diciendo:

"Akiane se ha comido un tubo de pasta de dientes".. Cuando su madre preguntó: "¿Por qué?", la respuesta fue: "Porque los dientes de su Ángel eran tan blancos que brillaban, y Akiane quería que los suyos se volvieran igual de blancos". Entonces dibujó un boceto de su ángel, que la acompañaba durante sus visitas celestiales. (pg9 - 49 palabras)

A los ocho años, Akiane quería pintar un retrato de Cristo y buscó durante mucho tiempo un modelo, pero no pudo encontrar a nadie. Finalmente, frustrada, pidió a sus padres que rezaran con ella durante todo el día para encontrar un "modelo", diciéndole a Dios que no podía encontrar a nadie por sí misma. Rezó:

"Necesito que me envíes el modelo adecuado y me des la idea correcta. Quizá sea mucho pedir, pero ¿podrías enviarlo justo por la puerta de nuestra casa?": "Sí, por la puerta principal". A media tarde, al día siguiente, una conocida trajo a su amigo, un carpintero, justo por la puerta principal. Se lo presentó a Akiane, pensando que a la joven artista le gustarían sus rasgos. De casi dos metros de altura, el carpintero tenía manos fuertes y una sonrisa cálida. ¡Tai jis!: Este es Él Akiane se sonrojó.

Akiane dijo éste es a quien he visto en mis visiones. Pero una semana después, el carpintero la llamó para disculparse, afirmando que se sentía indigno de representar a su Maestro y que tenía que declinar el honor. Akiane se negó a rendirse, rezando más febrilmente ese día, el siguiente, y el siguiente. Había pasado otra semana antes de que el carpintero volviera a llamar. "Dios quiere que lo haga". (pg 26-27 -163 palabras)

JUZGANDO LA EVIDENCIA PINTURA-SÁBANA SANTA

Al superponerla sobre la foto de la Sábana Santa, la increíble imagen de Cristo, hecha por Akiane a los ocho años, muestra una perfecta coincidencia virtual. El hilillo de sangre sobre el ojo izquierdo de la imagen de Cristo en la Sábana Santa se superpone en el mismo lugar sobre el ojo izquierdo de la de Akiane painting. ¿Qué probabilidades hay de que un dibujo de Akiane, de 8 años, coincida tanto con una foto de la Sábana Santa de más de 2000 años? Ella sabía cómo era Él por sus viajes al Cielo; luego tuvo la increíble experiencia de que Dios le entregara el modelo en la puerta de su casa en respuesta a sus oraciones. Además, en una prueba aún más abrumadora, Colton Burpo, el protagonista del libro "El Cielo es real", seleccionó esta imagen que se parecía al Jesús que vio en su visita al Cielo.

Para un incrédulo que quiera una prueba científica de que existe Dios, lo más parecido a una prueba directa es la Sábana Santa. Un principio lógico (la navaja de Occam) atribuido al filósofo medieval Guillermo de Occam, establece que no se deben hacer más suposiciones que las mínimas necesarias para resolver el problema. Subyace a toda teoría científica de modelización y nos amonesta, al describir un fenómeno dado, a elegir el modelo más simple de entre un conjunto de otros similares. El principio de la navaja de Occam elimina las variables superfluas o las teorías no necesarias para explicar los resultados de cualquier modelo dado. Utilizando este método más directo,

Dios El Aquí, Más Allá:

la probabilidad estadística de fracaso es mínima. Resumiendo los acontecimientos importantes que se mencionan a continuación, el refuerzo del argumento a favor de la presencia de Dios y de Jesucristo es el siguiente:

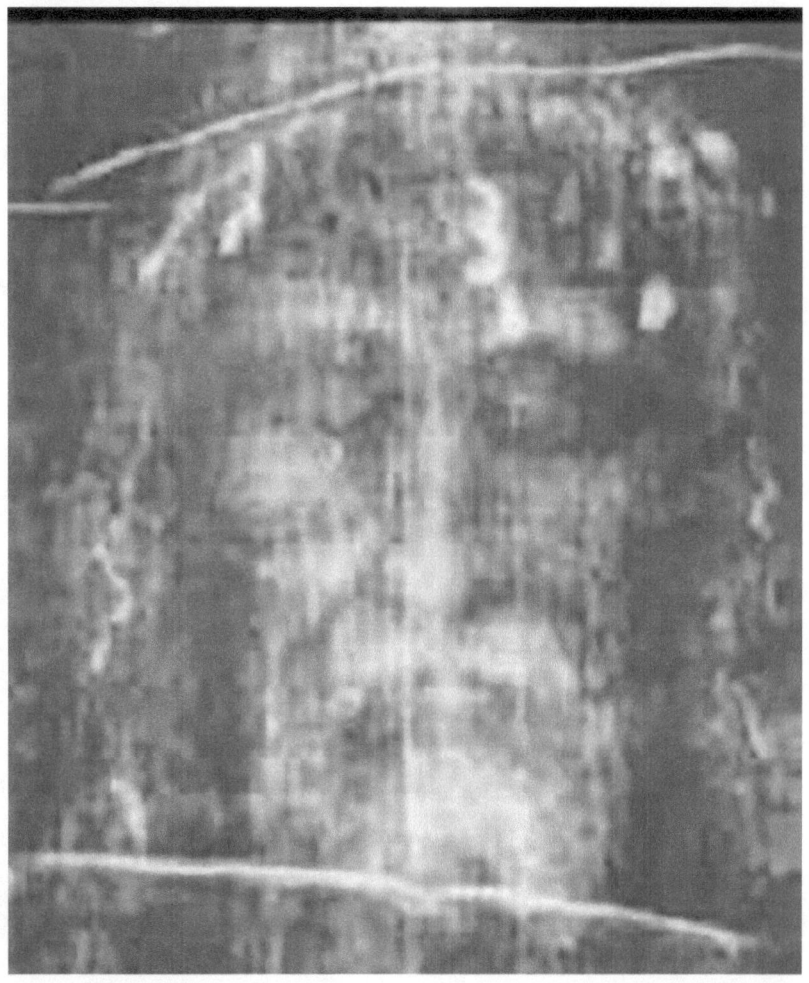

- El principio de la navaja de Occam, aplicado a la Sábana Santa de Turín, afirmaría; que la resurrección, la energía vital, centrada en el cuerpo de Jesús entre las sábanas causó la imagen perfectamente no pintada de la Sábana. Es la explicación más sencilla.

- Como se dijo anteriormente: Al evaluar la Sábana Santa, algunas conclusiones científicas indican que creen que la Sábana sí cubría el cuerpo de Cristo. Una probabilidad calculada de que cubriera el cuerpo de Cristo era (99.99999879%), o por el contrario, solo una posibilidad entre 82.944.000 de que fuera una falsificación.
- Akiane Kramarik (una artista prodigio de ocho años e hija de padre y madre ateos) pintó un retrato de Cristo, en el que afirmaba que su maestro era Dios; coincide estrechamente con la imagen de la Sábana Santa.
- La pintura de Cristo de Akiane, identificada por Colton (Burpo, 2010) del libro Heaven is for Real", es el rostro recordado de nuestro Señor visto en su visita celestial.

La comparación de esa pintura con una foto del rostro de la Sábana Santa mediante la superposición de la imagen sobre el rostro de la Sábana Santa utilizando un programa informático muestra una coincidencia casi perfecta. ¿Cuál es la probabilidad de que ese retrato sea una coincidencia ideal con la foto de la Sábana Santa? Respuesta: entre escasa y nula. Una este equivalente con la declaración de Colton Burpo de que el cuadro del "Príncipe de la Paz" de Akiane era el Cristo que vio en el Cielo, el mismo que recordaba la artista Akiane durante sus lecciones de arte celestiales. Toda la imagen descrita por esta combinación de hechos es un milagro presentado por Dios como prueba vista por nuestros ojos. Ante esta evidencia circunstancial, ¿cómo no creer que Dios y Jesucristo existen y residen ahora en el Cielo? Es la evidencia convincente suficiente para convencer a los escépticos a preguntar: ¿Cómo me aseguro de que estoy "nacido de nuevo" y "Listo?"

EL MÁS ALLÁ

"El más allá", como sustantivo, significa la *Vida después de la muerte*..

El Señor me había dicho que la cronología correcta del rapto-tribulación era tan importante como los diez mandamientos. Si no se interpreta correctamente, Sus seguidores no entenderían lo que se avecina en los últimos días. Así que, la clave para desenredar Daniel 9:27 es analizar los matices de la Escritura, para que todos se den cuenta de la implicación masiva de su impacto.

Daniel 9:27

Entonces él, [el Anticristo], confirmará un pacto con muchos durante una semana:

- Es decir, *siete* años. Implícito que será un tratado de paz entre Israel y los países islámicos circundantes
- Pero a *mitad* de la semana
- Este comentario identifica dos períodos consecutivos de 3.5 años que componen la tribulación de siete años.
- Pondrá fin a los sacrificios y a las ofrendas.
- La implicación es que el Anticristo ha capturado Israel y la Ciudad Santa y, por tanto, ha puesto fin a los sacrificios y ofrendas permitidos anteriormente.
- Y en el ala de las abominaciones estará el que desolará, Hasta que la consumación, que está determinada, Se derrame sobre el [1] desolado".
- La interpretación de un pacto como de siete años muestra que

incluirá a toda la humanidad: sin excepción, ni pre-trib ni post-trib.

Otras Escrituras mostrarán que los primeros 3.5 años son la Ira del Cordero mientras que los últimos 3.5 años serán la Ira de Dios. En este punto, la Escritura define una imagen que muestra la Ira del Cordero en el lado izquierdo, dando cuenta de los primeros 3.5 años, con *la Ira de Dios* representando los últimos 3.5. Este análisis infiere que Satanás emerge durante la primera mitad de los siete años y gobernará la mitad final.

La *Ira del Cordero*, controlada por Cristo, explicará todos los castigos del Sello 6 de Apocalipsis. Luego, a través de sus ángeles, Dios se encargará de los juicios de Trompeta y Cazoleta con su Ira, como hicieron durante el Éxodo.

Los lectores ocasionales que no estén familiarizados con el sistema de numeración de la Cronología de Daniel tendrán dificultades para entenderla. Sin embargo, dentro de los siete años, la narrativa del Rapto/Tribulación cuenta su historia siguiendo los acontecimientos cronológicos desde el comienzo de la tribulación hasta su final en Armagedón.

En las Escrituras, 3.5 años aparecen a menudo en días, meses, es decir, como ejemplo:

42mo/12 mo./año. = 3.5 Año.
1 mes = 30 días (año profético).
[tiempos, tiempos y medio tiempo], = 3.5 Año

Por lo tanto, el tiempo en la imagen gráfica en evolución puede mostrar meses o días para reflejar 3.5 años. Jesús llevando a los "elegidos" al cielo ocurre después de la primera mitad de la tribulación, es decir, en el punto medio de los siete años. El Discurso del Olivar de Mattew 24 explicará y dará la mejor visión general de lo que viene a continuación. La imagen futura aumentará de dos rudimentarios períodos consecutivos de 3.5 años a la toma de las almas salvadas al cielo a mediados de la tribulación.

Mateo 24 (Discurso del Olivar)

El fin de los tiempos son esos siete años de angustia que nunca antes hemos visto y que culminarán con el regreso de nuestros salvadores. Los cristianos han anticipado este momento durante más de 2000 años, con fechas incumplidas salpicadas a lo largo de ese período, así que ¿por qué, después de todo ese tiempo, debemos esperar que Su regreso sea inminente?

Los dos sueños que afirmaban que "El tiempo es corto" y una petición para escribir este libro con el título que se le ha dado, Dios el AQUÍ y el DESPUÉS, son razón suficiente para mí. Cuando empecé a escribir, no tenía ni idea de lo que significaba *corto*. Puede que la Escritura no nos proporcione el tiempo y la fecha, pero como veremos, nos muestra la estación. Encontré que el Discurso del Olivar de Mateo ofrece la mejor visión general de lo que está por venir. Muchas escrituras paralelas estarán de acuerdo con él y proporcionarán una mayor comprensión. Puesto que cubre gran parte de lo que viene, la Escritura completa es para futuras referencias.

Mateo 24:1-50

Jesús predice la destrucción del templo

²⁴Entonces Jesús salió y se alejó del Templo, y sus discípulos subieron para mostrarle los edificios del Templo. ²Y Jesús

les dijo: *"¿No veis todas estas cosas? De cierto os digo que no quedará aquí piedra sobre piedra que no sea derribada".*

Los signos de los tiempos y el fin de la era

³Mientras estaba sentado en el monte de los Olivos, los discípulos se le acercaron en privado y le dijeron: *"Dinos, ¿cuándo sucederán estas cosas? ¿Y cuál será la señal de Tu venida, y del fin de los tiempos?".*

⁴Respondió Jesús y les dijo *"Mirad que nadie os engañe. 5 Porque vendrán muchos en mi nombre, diciendo: Yo soy el Cristo, y engañarán a muchos. 6 Y oiréis hablar de guerras y rumores de guerras. Mirad que no os turbéis; porque es necesario que todo esto suceda, pero aún no es el fin. 7Porque se levantará nación contra nación, y reino contra reino. Y habrá hambres, pestilencias y terremotos en diversos lugares. 8 Todo esto es principio de dolores.*

"⁹Entonces os entregarán [tiempo futuro] a tribulación y os matarán, y seréis aborrecidos de todas las naciones por causa de mi nombre. 10 Entonces muchos se escandalizarán, se traicionarán unos a otros y se odiarán. 11 Entonces se levantarán muchos falsos profetas y engañarán a muchos. 12 Y porque abundará la iniquidad, el amor de muchos se enfriará. 13 Pero el que persevere hasta el fin se salvará. 14 Y será predicado este evangelio del reino en todo el mundo, para testimonio a todas las naciones; y entonces vendrá el fin.

La Gran Tribulación

¹⁵"Por tanto, cuando veáis la 'abominación desoladora', de la que habló el profeta Daniel, de pie en el lugar santo" (el

que lea, que entienda), ¹⁶"entonces los que estén en Judea huyan a los montes. ¹⁷ l que esté en la azotea no baje a sacar nada de su casa. ¹⁸Y el que esté en el campo no vuelva atrás a buscar su ropa. ¹⁹Pero ¡ay de las que estén embarazadas y de las que estén amamantando en aquellos días! ²⁰Y rogad para que vuestra huida no sea en invierno ni en sábado. ²¹Porque entonces habrá gran tribulación, como no la ha habido desde el principio del mundo hasta ahora, ni la habrá jamás.

²²Y si aquellos días no fuesen acortados, ninguna carne se salvaría; pero por causa de los [c]elegidos aquellos días serán acortados.

"Entonces, si alguien os dice: 'Mirad, aquí está el Cristo' o '¡Allí!', no lo creáis. ²⁴Porque se levantarán falsos cristos y falsos profetas que harán grandes señales y prodigios para engañar, si es posible, aun a los elegidos. ²⁵Mirad, os lo he dicho de antemano.

"Por eso, si os dicen: "¡Mirad, está en el desierto!", no salgáis; o "¡Mirad, está en las habitaciones interiores!", no lo creáis. ²⁷Porque como el relámpago que sale del oriente y ²⁸Porque dondequiera que esté el cadáver, allí se reunirán las águilas.

La venida del Hijo del hombre

²⁹"Inmediatamente después de la tribulación de aquellos días, el sol se oscurecerá y la luna no dará su resplandor las estrellas caerán del cielo, y las potencias de los cielos serán conmovidas. ³⁰Entonces aparecerá en el cielo la señal del Hijo del hombre, y entonces lamentarán todas las tribus

de la tierra, y verán al Hijo del hombre que vendrá sobre las nubes del cielo con poder y gran gloria. ³¹Y enviará a sus ángeles con gran voz de trompeta, y juntarán a sus [d] elegidos de los cuatro vientos, desde un extremo del cielo hasta el otro.

La parábola de la higuera

³²"Aprended ahora esta parábola de la higuera: Cuando su rama ya esté tierna y eche hojas, sabrás que el verano está cerca. ³³Así también vosotros, cuando veáis todas estas cosas, sabed que [e] está cerca: ¡a las puertas! ³⁴De cierto os digo que no pasará esta generación hasta que sucedan todas estas cosas. ³⁵El cielo y la tierra pasarán, pero mis palabras no pasarán.

Nadie conoce el día ni la hora

³⁶"Pero de aquel día y de aquella hora nadie sabe, ni siquiera los ángeles del [f] cielo, sino solo mi Padre. ³⁷Pero como fueron los días de Noé, así será también la venida del Hijo del hombre. ³⁸Porque como en los días antes del diluvio estaban comiendo y bebiendo, casándose y dando en casamiento, hasta el día en que Noé entró en el arca, ³⁹y no lo supieron hasta que vino el diluvio y se los llevó a todos, así será también la venida del Hijo del Hombre. ⁴⁰Entonces estarán dos hombres en el campo: uno será tomado y el otro dejado. ⁴¹Dos mujeres estarán moliendo en el molino: una será tomada y la otra dejada. ⁴²Velad, pues, porque no sabéis a qué [g] hora ha de venir vuestro Señor.

Solo Mateo 24:22 explicará el cambio del Rapto. *La duración de la tribulación de los santos se acortará a 3,5 años* al ser raptados antes de los últimos 3,5 años, lo que les impedirá participar en los siete años completos del *Anticristo*. Los *días acortados* declaran explícitamente que **toda carne estará sujeta a la tribulación,** *lo que sitúa* todo el castigo dentro de los límites de los 7 años:

El análisis de lo anterior es validado por;

(Daniel 7:25) "[25].... Entonces los **santos serán entregados en su mano Por un tiempo, y tiempos, y la mitad de un tiempo [comentario: 3,5 años],**

Este período solo podría ser los primeros 3.5 años *dentro de los límites de los siete años: no antes ni después de la tribulación*. Los *salvados* de toda la población recibirán su castigo en esos primeros años. Por lo tanto, valida la Escritura que dice que los santos solo estarían en manos de los Anticristos durante 3.5 años. Después de eso, los rezagados de Satanás avanzarán hacia sus días de castigo de la Gran Tribulación.

Visión General de la Tribulación

El Anticristo de Daniel 9:27 es el lobo proverbial con piel de oveja. El lobo se disfraza de oveja vistiendo un pelaje sacrificado y entra en el rebaño para capturar una comida: el Anticristo en busca de almas encaja apropiadamente el proyecto de ley. Él es la semilla que comienza la historia del fin de los tiempos que entrega el crudo nivel del castigo de Dios sobre los malvados mientras protege a sus seguidores del mismo destino.

La siguiente escritura nos dirá que el templo reconstruido debe existir en nuestro tiempo del fin para permitir a los judíos sacrificar y adorar: esto aún no ha sucedido, ni el Anticristo nos ha dado su pacto de paz de siete años. Por lo tanto, la reconstrucción debe ser una alta prioridad si estamos cerca de entrar en la tribulación. Daniel 9/27 está sucediendo porque estamos al final de la semana de 6000 años de Dios bajo las reglas de Satanás. Como el sábado de la semana, El reinado de 1000 años de Cristo seguirá la estela de Armagedón, Así que la *edad total* de Dios es de 7000 años. Aparte de lo anterior, las siguientes escrituras nos dicen que nada es nuevo bajo el sol. Dios, en vano, también nos ha advertido en el pasado. La humanidad siempre hizo lo suyo: comieron, festejaron, bebieron, se casaron, etc., ignorando las advertencias de Dios. La Biblia nos dice que los que no pertenecen a Cristo sufrirán análogamente los dolores de una mujer que da a luz. Empiezan lentamente, pero empeoran exponencialmente; el parto será el Lago de fuego para los impenitentes.

> (2 Pedro 3:8) Pero, amados, no olvidéis esto: que para el Señor *un día es como mil años, y mil años como un día*; ergo, la semana de Dios es de 6000 años

> (Apocalipsis 11:2) 2 Pero dejad fuera el atrio que está fuera del Templo, y no lo midáis, **porque ha sido dado a los gentiles. Y ellos pisotearán la ciudad santa durante cuarenta y dos meses.**

Es decir, el Anticristo será dueño del Monte del Templo durante 42 meses. Como decía mi *visión de la pizarra roja*: El tiempo apremia. Las iglesias deberían decir a sus congregaciones: "¿sabéis que Cristo vendrá en vida de vuestros hijos?". La prueba es sencilla. Las Escrituras nos lo dicen: Algunos creyentes ven el indicio de lo que se avecina, pero, por desgracia, pocos han tratado de interpretar la intimidante lectura del Apocalipsis. Como resultado, no son conscientes de los castigos que recibirá la humanidad, ni de los cambios terrestres masivos que acabarán con la mayor parte de la sociedad.

Como en Sodoma y Gomorra y en tiempos de Noé: también nosotros sufriremos el despliegue de las profecías del libro del Apocalipsis.

> (Lucas 17:26-30) [26]Y como sucedió en los días de Noé, así sucederá también en los días del Hijo del hombre: [27]comían, bebían, compraban, vendían, plantaban, edificaban; [29]pero el día en que Lot salió de Sodoma, llovió fuego y azufre del cielo y los destruyó a todos. [30]Así también sucederá el día en que se manifieste el Hijo del Hombre.

> (1 Tesalonicenses 5:3) alude a la dolorosa tribulación al señalar: "Mientras la gente dice: "Hay paz y seguridad", entonces les sobrevendrá una destrucción repentina como los dolores de parto a una mujer embarazada, y no escaparán".

Los dolores de parto de una mujer en trabajo de parto describen acertadamente la tribulación de 7 años: es decir, dolor tolerable al principio seguido de una agonía inimaginable en el parto.

Las visiones modernas de los ministerios proféticos hacen que los cristianos "renacidos" sean *raptados* inmediatamente después del primer evento nuclear en suelo estadounidense. Su ramificación afectará enormemente al mundo y dejará un vacío gigantesco para los seres queridos que queden atrás. Pero, por otro lado, causará un avivamiento masivo a medida que la humanidad absorba todos los acontecimientos y se dé cuenta de que Dios es real. Muchos se volverán a Él, que los protegerá mientras estén en la tierra, y si las circunstancias resultan en martirio, Él los guardará del temor. No obstante, la Biblia nos dice que ninguno de nosotros está libre de pecado.

Hemos entrado en la tribulación de siete años, en la que todos recibiremos el castigo por nuestra pecaminosidad. Al comienzo de esta prueba, con la manifestación del profetizado virus Covid-19, un indicador más del fin de los tiempos: Mateo 24:7, *habrá pestilencia*. Aunque nos llegarán futuras reprimendas, DIOS tratará a sus seguidores cristianos mucho mejor que a los que no creen. Si confiesas tus pecados, te arrepientes y pides perdón, y le pides a Cristo que te guíe para siempre, volverás a "nacer" y te asegurarás tu billete al Cielo. Incluso como superviviente remanente "dejado atrás", aún puedes recibir la salvación si aceptas a Cristo durante la Gran Tribulación. El Sello de DIOS en tu frente te protegerá de Su ira.

Una corriente implacable de castigos caerá sobre los incrédulos mientras se desarrolla la Tribulación. Este período se llama La Gran Tribulación. Los últimos 3.5 años de la sentencia de 7 años traerán los profetizados eventos del fin de la era que precederán al regreso de Cristo. Llevará al Armagedón e iniciará Su reinado milenario. Finalmente, la última pregunta: ¿cuán cerca estamos de esa fecha final - y acaso podemos saberlo?

Basado en mi sueño, Dios quiere que dé un mensaje de que **"*el tiempo es corto*"** con respecto al regreso de Cristo. Enfatizando el punto, encontré repetidamente la frase exacta en mi investigación. Aunque no sepamos la hora precisa, la Escritura nos dice que los pecadores identificarán la "estación" al reconocer los crecientes dolores de parto de una mujer en trabajo de parto. Análogo a la mujer dando a luz, la impía retribución final para los condenados será el regreso de Cristo para castigarlos en la batalla de Armagedón. El equivalente del nacimiento del pecador por dar a luz el pecado será el Hades y el Lago de Fuego en el impresionante día del Señor, cuando Jesús imparta justicia. La Escritura nos dice que los pecadores identificarán la "estación" al reconocer los crecientes dolores de parto de la mujer que da a luz.

Mateo 24 afirma además: ²¹Porque habrá entonces gran tribulación, cual no la ha habido desde el principio del mundo hasta ahora, ni la habrá. (1)

La Escritura anterior utiliza un tiempo futuro, "*habrá* gran tribulación, donde el tiempo es futuro. Mientras que más adelante, en el Apocalipsis, Juan es testigo del acontecimiento venidero tal como sucede, es decir, *hubo un gran terremoto*. (Apocalipsis 16:18), ***un terremoto tan poderoso y grande como no había ocurrido desde que los hombres están sobre la tierra***. Implícito de Daniel 9/27, el Anticristo estará de acuerdo en permitir que los judíos reconstruyan su Templo justo antes de que comience el juicio de siete años porque debe existir para permitir el sacrificio.

Dos acontecimientos proféticos desencadenarán la Tribulación:

(1) ***el Anticristo se identifica*** negociando una paz de 7 años con los "Muchos", Dan 9:27
(2) Cuando el Anticristo toma el poder durante los años de la Gran Tribulación, lo que significa que tuvo que haber capturado Israel y Jerusalén, él ***invocará*** inmediatamente *la **Abominación de la desolación** erigiendo una estatua de sí mismo para ser el Cristo regresado y exigiendo la Adoración por los feligreses o la muerte.*

Este acto pecaminoso hará que Dios haga **que Jesús se reúna con los santos en el aire para Arrebatarlos a su hogar celestial** antes de desatar la ira de Dios sobre los que se han apartado, los pecadores remanentes. Las Escrituras sostienen que todos los creyentes pasarán por alguna parte de la tribulación.

(Mateo 24:30-31) Veremos al Hijo del Hombre venir sobre las nubes del cielo con poder y ***gran gloria para reunir a*** *sus elegidos de los cuatro vientos, desde un extremo del cielo hasta el otro.*

Si los salvados fueran raptados pre-trib, **Satanás no tendría a nadie a quien perseguir**. Sin embargo, los rezagados ya tomarán la marca de la Bestia, ya que voluntariamente se alinean con él.

Anteriormente en Mateo 24:22, nos dice ***Y si aquellos días no fuesen acortados, nadie se salvaría***; pero por causa de los escogidos, aquellos días serán acortados.

Estas escrituras nos dicen que todos somos pecadores, y para permanecer salvos debemos confesar nuestros pecados, arrepentirnos y pedir perdón a través de la sangre de Jesucristo. La Biblia les dice a los "nacidos de nuevo" que su castigo será una bendición a través del Quinto Sello, en Apocalipsis 6:9. Estas eran las almas *[salvadas]* de aquellos bajo el altar, a los que se les dieron vestiduras blancas, martirizados por su creencia piadosa. Gritaban: "¿Hasta cuándo, Señor, santo y verdadero, hasta que juzgues y vengues nuestra sangre en los que habitan la tierra?". La respuesta dijo que debían descansar un poco más hasta que se completara la *muerte de sus consiervos y hermanos*, que murieron como ellos *[Comentario: implícito de la Gran Tribulación]*

Dios reserva la distinción de la **Gran Tribulación** para los segundos tres años y medio, cuando descarga su ira solo sobre el remanente de incrédulos que la recibirán. La Escritura anterior define el terremoto masivo que ocurrió en el tiempo de Armagedón.

Templo Reconstruido

Aunque ha habido muchas discusiones sobre si la Cúpula de la Roca alberga el lugar del sacrificio de Isaac en la misma roca en la que

Mahoma hizo su viaje de diez días a los cielos, un hecho zanja todos los demás argumentos. El altar de 1.5x1.5 pies cuadrados sería el punto más alto bajo la Cúpula, verificado por medición. ¿Querría Dios que el Templo restaurado se construyera sobre la Cúpula de la Roca santificada, sabiendo que el Anticristo la controlaría? Creo que no. No puedo creer que nuestro Dios acepte jamás tal cosa. En cambio, creo que lo construiría junto a la Cúpula de la Roca, basándose en una escritura que parece elegir su ubicación sugiriendo un templo con el muro de los gentiles eliminado.

Dado que el Templo debe existir para que el Anticristo permita la Adoración y el sacrificio a los judíos, debe estar disponible antes de que comience la tribulación.

Además, el Falso Profeta, al perseguir una religión de un solo mundo en armonía con los credos primarios: Cristianos, Judíos y Musulmanes, el Papa Francisco <u>argumenta erróneamente</u> que todos somos hijos del mismo DIOS a través del patriarca Abraham: no lo somos. Hipotéticamente, si todos adorásemos al mismo DIOS, las guerras religiosas desaparecerían, y el actual Papa está ahora haciendo todo lo posible para convencernos de que esto es cierto. Sin embargo, repetir como loros la mejor intención dentro de todas las religiones no prueba que provengan de los mismos Dioses. El Papa está tratando de persuadirnos de que un consenso religioso entre los países cumplidores lo convierte en un hecho: no lo hace. El acuerdo proclama que los autores de tal idea consiguen determinar qué punto de vista es correcto o incorrecto. Niega que el único camino al Cielo sea a través de Jesús Cristo tachándolo de extremismo religioso o nacional que no puede ser tolerado por el consenso de <u>"su grupo de pensamiento".</u> En otras palabras, niegan la libertad de expresión, aceptando solo lo que su grupo cree, desautorizando cualquier otra cosa. Se parece mucho a nuestra sociedad actual.

El calendario del hombre y el de Dios

Yo sostendría que el cumplimiento de *Apocalipsis* 12, el *23 de septiembre de 2017*, responde a las preguntas del **fin de la era** formuladas por los discípulos de Jesús: *"¿Cuándo serán estas cosas?"* y *"¿cuál será la señal de Tu venida, y del fin del siglo?"*. Anteriormente mencionado pero no apreciado ampliamente, el calendario de Dios es similar al nuestro. *Él tiene una semana comparable para la humanidad que dura 6000 años (Pedro 3:8-9). y ha sembrado muchas generaciones de la humanidad* en nuestra tierra para probar si le seguirían a Él o a Satanás.

Nos acercamos al crepúsculo de esa semana de 6 días, literalmente el *fin de los días* por así decirlo: el tiempo en que Cristo pronto regresaría. Sin embargo, con inusuales sucesos mundiales, el entorno de hoy nos ha inquietado con un malestar que no podemos explicar, pasar por alto, o incluso entender: algo anda mal. Si uno conoce la Biblia, sabe que nuestro SEÑOR Dios nos está advirtiendo de la retribución futura en la que Su Hijo llegará en la batalla de Armagedón para juzgarnos, clasificarnos y premiarnos o castigarnos. Varios de Sus profetas nos dicen que al entrar en estos últimos días, no estamos preparados para Su regreso y necesitamos poner nuestra casa en orden.

Génesis 6:3 en la Biblia cristiana nos confunde al compararlo con la Torá judía.

> **Biblia Cristiana (Génesis 6:3)** ³Y dijo el Señor: "No contenderá [a]mi Espíritu con el hombre para siempre, porque ciertamente es carne; *pero sus días serán ciento veinte años"*.

[*Según la Torá, **deberían ser años de Jubileo**, es decir, 120x50 = 6000 años donde un año de Jubileo = 50 manyears*].

Desde el sitio web del calendario de la Torá, en su lugar se traduce la misma Escritura para significar:

Torá **(Génesis 6:3):** Después de 120 Años de Jubileo, o 6000 años, Él ya no lucharía con el hombre mortal. Al final del sexto milenio 6000עשוה[años], el Mesías concederá el don de la Vida eterna - la edad de la Vida a todos los que crean y le obedezcan.

La traducción bíblica sugiere que el límite de edad de ciento veinte años es una edad humana. Simultáneamente, la Torá indica que la interpretación correcta haría que Yahveh describiera el período como años de Jubileo. Daría lugar a una semana de Dios de 6000 años que consistiría en "la vida acabada por la muerte", tras la cual todos los que creen y obedecen a Dios heredarían la *vida eterna*. Sustituyendo la definición de **2 Pedro 3:8** de *"un día es como mil años"* en el calendario de la semana del hombre se valida la interpretación de la Torá al entregar una semana de 6000 años.

El objetivo de Dios

¿Cuál es el objetivo de Dios? Él quiere tantas almas en el Cielo como sea posible y que nosotros le ayudemos a llevarlas allí. Él necesita que ellas deseen incondicionalmente siempre estar con Él por su libre albedrío.

Así, plantará Su semilla a lo largo de la era de la iglesia para medir cuántos elegirán al SEÑOR y *"nacerán de nuevo"* para estar con Él.

Otros encontrarán el Lago de Fuego. ¿Acaso (Apocalipsis 21:3-4) no nos dice en última instancia lo que quiere nuestro SEÑOR?

"He aquí que el tabernáculo de Dios está con los hombres, y Él habitará con ellos, y ellos serán su pueblo. Dios mismo estará con ellos y será su Dios. Y Dios enjugará toda lágrima de sus ojos; ya no habrá muerte, ni habrá más llanto, ni clamor. Ya no habrá más dolor, porque las cosas primeras pasaron.

¿EXPERIMENTARÁN LA TRIBULACIÓN LOS CREYENTES "RENACIDOS"?

Aunque puede no haber una declaración bíblica directa que responda a la pregunta, muchos argumentos sugieren: Sí.

(Romanos 3:10} *argumenta*: "No hay justo, ni aun uno",

(Mateo 24:22) la Escritura significa que toda carne incluye a todos: Nadie sobreviviría de otro modo. Puesto que todavía estamos aquí, todos los días fueron más cortos: ergo, si hubo una amenaza, *todos estuvimos* implicados y, por tanto, todos experimentamos la tribulación.

Esta observación implica además que un Rapto previo a la tribulación no es posible por dos razones:

Poco después de la Abominación de la Desolación por el Anticristo, los que estamos vivos y muertos en Cristo, es decir, "nacidos de nuevo", seríamos los elegidos llevados por los ángeles de dios a encontrarnos con Jesús en el cielo. En otras palabras, serían los que hacen la obra de Dios porque le aman, no porque se sientan obligados de otra manera.

(Santiago 2:18) Pero alguien dirá: "Tú tienes fe, y yo tengo obras".. Muéstrame tu fe sin tus obras, y yo te mostraré mi fe por mis obras.

Los no creyentes quedarían bajo el dominio de Satanás.

Para que no lo olvidemos,

Esta discusión se sitúa totalmente en el futuro.

(**Daniel 10:14**) [14]Ahora bien, he venido para hacerte comprender lo que le sucederá a tu pueblo en los últimos días, pues la visión se refiere a muchos días aún por venir.

(**Daniel 8:17**): [17]Así que se acercó a donde yo estaba, y cuando vino tuve miedo y caí de bruces, pero él me dijo: "Entiende, hijo de hombre, que la visión se refiere al tiempo del fin". (1)

(**Mateo 24:15**) y (**Lucas 21:20**): Cuando veamos de pie en el Lugar Santo la **Abominación desoladora** (Imagen del Anticristo), de la que habla Daniel, y veamos a Jerusalén rodeada de ejércitos, entonces huyamos a las montañas.

LA PROFECÍA DE DANIEL

La predicción de Daniel es una de las escrituras más importantes de la Biblia. Entre los años de 521 a 486 a.C., Daniel, mientras oraba por Jerusalén,

"[19]¡Oh Señor, escucha! Oh Señor, perdona!"

Daniel recibió una visión del ángel Gabriel según la cual debía profetizar un castigo de 490 años para su pueblo y la ciudad santa. Predijo además la muerte de Cristo, y cuando Pilato lo crucificó después de solo 483 años, ese acto aplazó la finalización de la última semana de 7 años de la sentencia de Daniel sobre el tiempo hasta que Israel volviera a ser un nación. Cronológicamente, el Mesías sería "cortado:" (crucificado), 483 años proféticos después del Decreto dado por el rey Artajerjes el 5 de marzo de 444 AC (calendario gregoriano). Así, la última 70ª semana (de 7 años) sería conocida como "La Tribulación". Ahora se hace evidente por qué Dios guardó la 70ª semana para el futuro.

La cronología de Daniel

Hace cuatro o cinco años, le pedí a Dios que me aclarara la ***cronología del rapto/tribulación de Daniel***. Él me dio la respuesta al instante. Supe entonces que no podía haber una solución pre-trib o post-trib, pero no había descubierto la conexión bíblica hasta hace varios años. Hay suficientes relaciones intrincadas que no divulgarán sus secretos de buena gana con solo una lectura casual: se necesita algo de estudio. Mi problema es que me he acercado demasiado al tema a lo largo de los nueve años y no había utilizado explicaciones adecuadas porque creía que los lectores sabían más de lo que sabían. En este documento, he tratado de corregir ese error. La imagen aclara el tema de la numeración

La imagen aclara el tema de la numeración para la tribulación de 7 años. Períodos secuenciales en días, meses, años, o incrementos de 3.5 años definen el tiempo. El trazado de las cuatro escrituras debajo del gráfico ***muestra*** que el Rapto y otras interpretaciones son bíblicas. La línea de tiempo de Daniel 9:27 señaló que dos períodos consecutivos de 3.5 años comprenden los siete años. Los *primeros 3. 5 años* es la *Ira del Cordero,* donde Jesús abre los Sellos (Apocalipsis

6) que describen esos juicios. *El segundo período de 3,5 años* es la *Ira de Dios*, donde sus ángeles entregan la Trompeta (Apocalipsis 8) y la Copa (Apocalipsis 16), castigos similares a las Plagas del Éxodo

La imagen de arriba aclara la tribulación de 7 años representada en días, meses, años, o incrementos de 3.5 años.

Las líneas bíblicas

- En profecía, un *mes* profético tiene 30 días.
- El tiempo de un *año* profético es entonces 12x30 =360 días
- Tiempo tiempos y medio = "tiempo = 1 año, + tiempos =2 años + ½ tiempo = 1/2 año = *3,5 años*
- 42 meses = 42/12 meses/año = *3,5 años*
- 1260 días = 1260/ 360 días/año = *3,5 años*

Gráfico de la línea de tiempo Escritura

(Dan 9:27) Pero a la mitad de la semana pondrá fin a los sacrificios y a las ofrendas.".

(Dan 7:25) Por un tiempo y tiempos y medio tiempo.

(Dan 12:11-12) mil trescientos treinta y cinco días.

(Apo 11:1-3) mil doscientos sesenta días, vestidos de cilicio.

(Dan 8:13-14) Por dos mil trescientos [b] días; entonces el santuario será purificado

Dios El Aquí, Más Allá:

La imagen cronológica de Daniel

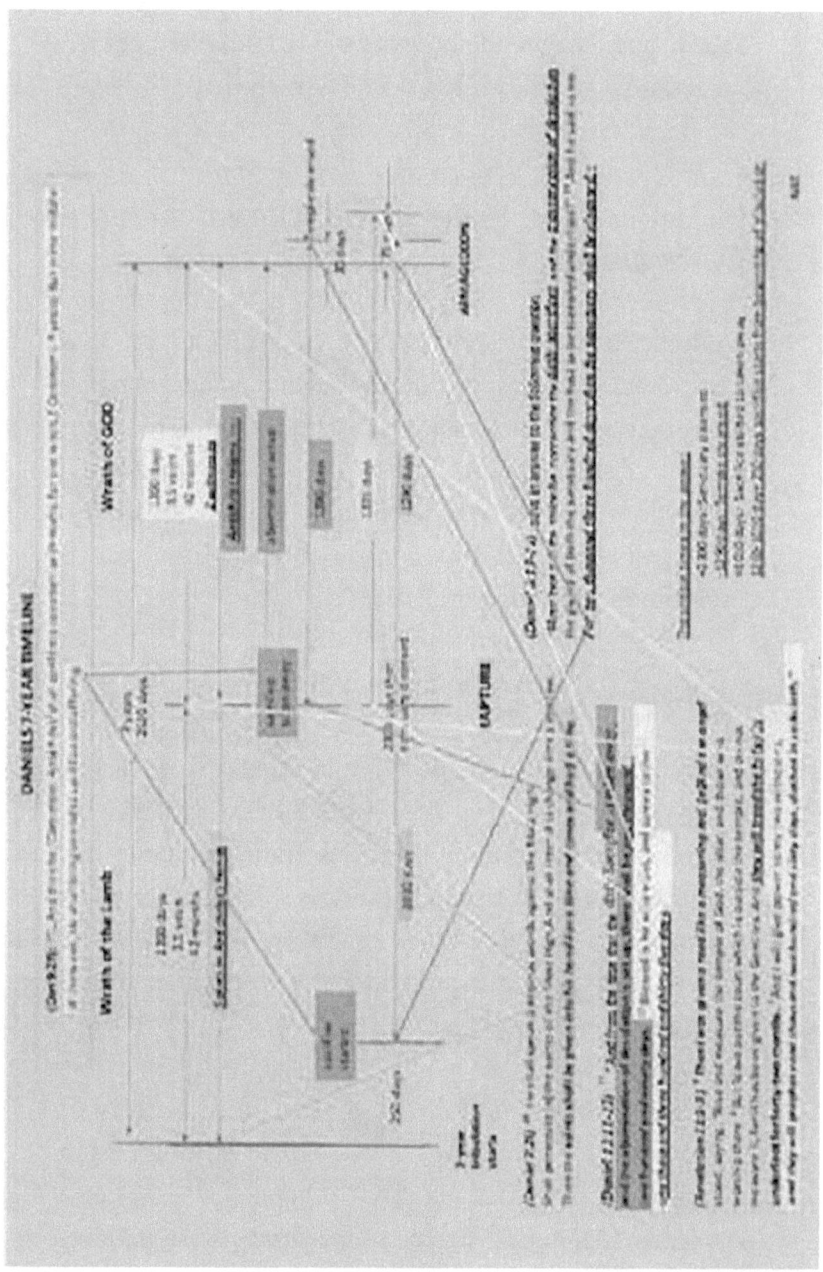

Daniel 9:25-27

"Sabed, pues, y entended, *que* desde la salida de la orden Para restaurar y edificar a Jerusalén Hasta el Mesías Príncipe,

Habrá siete semanas y sesenta y dos semanas; [Comentario: 69x7=483 años desde el comienzo de la construcción de los muros hasta Su crucifixión].

La [h]calle se reedificará, y el [i]muro, Aun en tiempos angustiosos. 26"Y después de las sesenta y dos semanas [Comentario: 483 años] el Mesías [j]será cortado, pero no por sí mismo; Y el pueblo [musulmán] del príncipe [Anticristo] que ha de venir Destruirá la ciudad y el santuario. El fin de ello *será* con un diluvio, Y hasta el fin de la guerra, las desolaciones están determinadas.

El decreto de los 490 años

En el Decreto que está a caballo entre la transición de la *era de la ley* y la *era de la iglesia*, Dios, a través de Su Gracia, concede a Sus discípulos tiempo para poner fin a sus transgresiones y ponerse "bien" con Él resolviendo las seis cuestiones de la profecía de Daniel. Históricamente, el pueblo judío no había obedecido a Yahveh resultando en su castigo de dispersarlos hasta los confines de la Tierra, como se cita en:

> Deuteronomio 28:64. Solo en el renacimiento de Israel en mayo de 1947 volvieron a convertirse en una nación profetizada por (Isaías 66:8) 8"¿Quién ha oído cosa semejante? Quién ha visto cosa semejante? ¿Acaso parirá la tierra en un solo día? ¿O nacerá una nación en un instante?"

De un plumazo, la última semana, "la tribulación", podría comenzar de nuevo. El castigo profetizado comienza con la "caída" de la Iglesia y el Anticristo revelándose.

Comienza con un sutil comentario de Satanás; debemos esperar que sea mentira. Pero, antes, prometió un tratado de alianza de 7 años con los muchos y luego incumplió su promesa a la mitad de los siete años..

Obsérvese que fijaría el plazo de 3,5 años.

Segundo, implícitamente nos dice que el Anticristo permitiría a los judíos sus sacrificios y ofrendas durante los 1ros 3.5 años: implicando un templo reconstruido en el Monte del Templo. Poner fin al sacrificio de los judíos tendría que ocurrir porque el Anticristo capturó Israel/Jerusalén.

Daniel: un acontecimiento **futuro**

La declaración de Daniel 9:27 es una Escritura de "Calma antes de la Tormenta". Con una lectura casual, hasta parecería fácil descartarla. Sin embargo, según los estándares de Dios, es una de las piezas esenciales de la Escritura en la Biblia. Si no entendemos lo que significa, no sabremos qué esperar en el fin de los tiempos.

> (Daniel 8:17): ¹⁷Y se acercó a donde yo estaba, y cuando vino tuve miedo y caí sobre mi rostro, pero él me dijo: "*Entiende, hijo de hombre,* ***que la visión se refiere al tiempo del fin***".

Palestina y algunos de sus aliados cercanos nunca cederían de erradicar a Israel. Este hecho yace audazmente frente a nosotros mientras Daniel 9:27 cuenta su historia, señalando la guerra espiritual venidera entre Dios y Satanás. Históricamente, las naciones bestias siempre han sido las mismas desde que Dios le dio a Abraham la tierra prometida: Siria, Irak, Irán, Turquía, Grecia, Egipto, Libia, Etiopía/Cush, Sudán y Líbano. La mayoría de estas naciones serán las que prometan dedicarse a la futura causa de restablecer el pasado califato otomano. La bestia es una de las naciones más poderosas del mundo.

La profecía de las 70 semanas del fin de los tiempos

¿Cuándo comenzaría la *tribulación*? -- es decir, la 70ª semana, los últimos siete años? En primer lugar, todo el mundo quiere saber dónde estamos ahora y qué sucede a medida que avanzamos a través de los muchos acontecimientos simbólicos del Apocalipsis.

Debido a las transgresiones de Israel, Dios definió un castigo de 490 años que Israel debe sufrir por su pecaminosidad y falta de arrepentimiento. Su viaje a través de ese tiempo de prueba comienza con la extraordinaria visión y profecías de Daniel.

Describe 70x7 semanas (490 años), una condena que se trunca una semana antes, al final de 483 años: la persistente pregunta: ¿por qué? Los 490 años fueron un período de prueba en el que nuestro Padre esperaba que Israel se pusiera "a bien" con Él. Una vez que el reloj del fin de los tiempos se ponga en marcha de nuevo, la profecía afirma que será un tiempo de gran angustia, que el hombre nunca ha visto antes. La semana de castigo restante comenzará después de la profetizada reunión del pueblo judío en el renacimiento de Israel. ¿Por qué la enorme brecha en el tiempo? -- La interpretación de Daniel 9 lo explica.

Dios El Aquí, Más Allá:

La Ira del Cordero

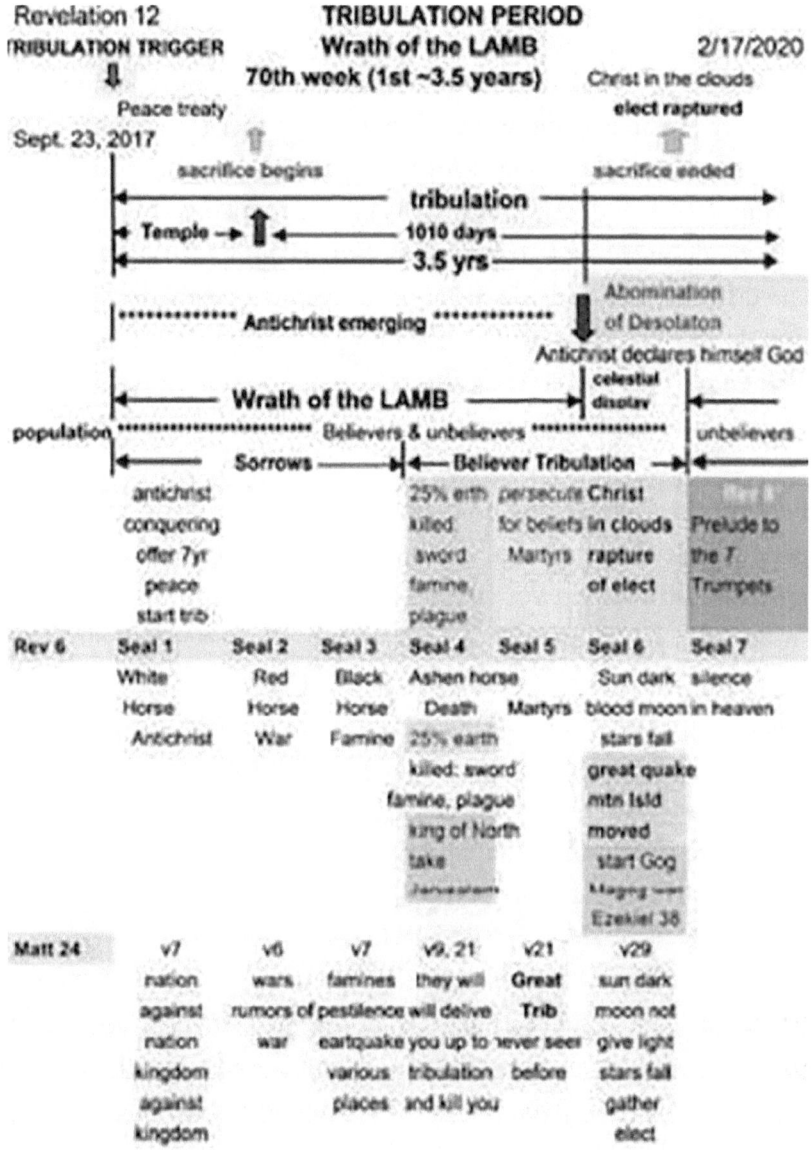

LA MUERTE DEL CORDERO (primeros 3,5 años)

Al juzgarnos durante los primeros 3.5 años, Jesús romperá los sellos del rollo para desatar dolor y sufrimiento sobre los injustos, comparado con los dolores de parto de una mujer embarazada en sus primeros meses. Creo que el Anticristo ya se ha identificado durante el cumplimiento de Apocalipsis 12 el 23 de septiembre, 2017, que es la fecha de inicio de la tribulación. Nos estamos acercando al tercer año del primer período de 3.5 años. La reconstrucción del Templo es uno de los requisitos previos que aún no ha comenzado. Pero debe estar en pie para que el Anticristo realice su Abominación desoladora. El Anticristo tendrá que realizar su obra de desolación.

El Anticristo tendrá que estar muy orgulloso de sí mismo en este período inicial. Promete unir a las naciones musulmanas e Israel en armonía por primera vez cuando termine el tratado de Paz con los "muchos". Naturalmente, los participantes anunciarían el momento como un acontecimiento que sacudiría el mundo, pero el esfuerzo inicial se quedaría corto al no superar el odio de la nación islámica. Lo que sigue debería mostrar aún más a los escépticos la validez de la afirmación precedente de que el Anticristo controlará a los "seguidores" de Dios durante solo 3.5 años.

1ª PRUEBA

Resumen: La necesidad de acortar los días de castigo de los elegidos para que todos no murieran se satisface con el Rapto inmediatamente después de los primeros 3.5 años, acortando así sus años al evitar los últimos 3.5 años en la tierra. Los Santos estarán en manos del Anticristo solo durante esos primeros 3.5 años.

2ª PRUEBA

Dios muestra <u>el paralelismo entre Mateo 24:29 y Apocalipsis 6:12,</u> abarcando el mismo evento celestial del sol volviéndose negro y la luna roja, indicando que <u>el Arrebatamiento sucederá a la Mitad de la Tribulación.</u>

Escrituras paralelas del mismo evento celestial

> (Mateo 24) comienza con "Inmediatamente después de la tribulación de aquellos días". [es decir, después de los Sellos 1-6 de Apocalipsis 6].

> (Mateo 24); el sol se oscurecerá, y la luna no dará su resplandor; las estrellas caerán del cielo, [las estrellas son ángeles que recogen a los raptados] y las potencias de los cielos serán sacudidas.

> <u>(Apocalipsis 1-6) y el sol se puso negro como tela de cilicio, y la [h]luna se puso como sangre. 13Y las estrellas del cielo cayeron sobre la tierra, [las estrellas son ángeles que recogen a los raptados como una higuera deja caer sus higos tardíos cuando es sacudida por un viento impetuoso. 14Entonces el cielo[i]</u> **retrocedió** <u>como un pergamino [se produce el rapto] cuando es enrollado, y todo monte e isla fue movido de su lugar. [experiencia onírica del Rapto del pastor Carl Gallups de la Iglesia Bautista Hickory Hammock en Milton, Florida.].</u>

> (Mateo 24); Hijo del hombre en las nubes: "Rapto" verán al **Hijo del Hombre** viniendo sobre las nubes del cielo con poder y gran gloria. ³¹Y enviará a sus ángeles con gran

voz de trompeta, y juntarán [Rapto] a sus [d]elegidos de los cuatro vientos, desde un extremo del cielo hasta el otro.

Resumen: Mateo 24 y Apocalipsis 6 describen el mismo acontecimiento celeste "inmediatamente después de la tribulación de aquellos días". Ocurre cuando el enorme sistema Nibiru estará entre nuestro sol y nosotros, cruzando la eclíptica de nuestro sistema planetario, es decir, el plano de todos nuestros planetas girando alrededor del sol: así, ennegreciendo la vista de la tierra y la luna. Este enorme sistema también causará un terremoto que moverá las montañas y las islas fuera de su lugar. El sistema Nibiru es el más grande de los sistemas planetarios.

Entonces Dios enviará a Cristo para que se nos aparezca y lleve a todos sus elegidos al cielo, es decir, los RAPTARÁ.

> Mateo 24 [30]Entonces aparecerá en el cielo la señal del Hijo del Hombre, y entonces lamentarán todas las tribus de la tierra, y verán al Hijo del Hombre viniendo sobre las nubes del cielo con poder y gran gloria. [31]Y enviará a sus ángeles con gran voz de trompeta, y juntarán a sus [d] elegidos de los cuatro vientos, desde un extremo del cielo hasta el otro.

Frase clave: "Inmediatamente después de la tribulación de aquellos días". [es decir, después de los Sellos 1-6 de Apocalipsis 6] Cristo aparecerá en las nubes y RAPTURARÁ a los elegidos.

3ª PRUEBA

Remontándonos a una época mucho más temprana, Mateo 24:15-21: hace referencia a las guerras de Daniel 11 entre el Rey del norte, Siria, y el Rey del sur, Egipto, en 167BCE. La Abominación de la desolación se produce cuando el Rey sirio sacrifica un cerdo a Zeus en el santuario de Dios. Sin embargo, la Frase solo aparece una vez en Mateo, Marcos y Daniel, donde se convierte en el modelo de 167BC para lo que sucederá cuando nuestro homólogo Anticristo de 2022+ muestre su rostro.

La Gran Tribulación, el período final, muestra la Abominación de la Desolación en el Templo Sagrado durante los últimos 3.5 años que conducen al Armagedón.

> Mateo 24 [15]"Por tanto, cuando veáis la 'abominación desoladora', de la que habló el profeta Daniel, de pie en el lugar santo" (el que lea, que entienda), [16]"entonces los que estén en Judea huyan a los montes 21 Porque entonces habrá una gran tribulación, como no la ha habido desde el principio del mundo hasta ahora, ni la habrá jamás.

Frase Clave:: Daniel 9:27, Pero a la mitad de la semana pondrá fin a los sacrificios y a las ofrendas. Y colocará allí la abominación desoladora. Es la Escritura que define la Cronología Tribulación/Rapto de Daniel demostrando que si el Anticristo es dueño de los últimos 3.5 años, entonces los Santos solo podrían estar en sus manos los primeros 3.5 años.

El Anticristo captura Israel/Jerusalén

El complot de Satanás para la captura de Israel/Jerusalén en el tiempo del fin comenzó aproximadamente en 167BCE y aún no ha ocurrido en nuestro tiempo. Sin embargo, las hazañas de Antíoco 1V en Daniel 11 establecen el modelo que seguirán las Escrituras. La captura de Israel/Jerusalén por parte de nuestro Anticristo en 2022+ ocurriría alrededor del 4to Sello de Apocalipsis 6, Los Sellos describen la llegada de un conquistador sobre un caballo blanco en el

Primer Sello, seguido de un caballo rojo ardiente en el Segundo Sello, que destruye la paz, seguido de un Tercer Sello, un caballo negro, que predice el hambre, como un subproducto natural de los tres primeros. Tal relato resulta en la persecución de las almas involucradas, que aparecen en el Quinto Sello como los mártires bajo el altar celestial, clamando a Dios por venganza.

Satanás planea emular en 2022+ lo que hizo Antíoco al vencer a Israel/Jerusalén en 167BCE. Ahora estamos en las primeras etapas de nuestra tribulación, con el Anticristo comenzando a emerger como se describe en el Sello 1. 2do Sello destruyendo la paz seguido por un 3er Sello.

Mientras que el esperado tratado de paz con los "muchos" llamados en Daniel 9:27 aún no ha ocurrido, tiene que estar en una lista corta de cosas por suceder. Como se dice en Daniel, Satanás nunca tiene la intención de honrar su promesa de paz entre los judíos y sus vecinos musulmanes. En su lugar, planea emular el comportamiento de Antíoco a través de nuestro Anticristo de 2022+ aún por aparecer.

Antíoco erigió un altar dedicado al dios griego Zeus con su imagen acompañante para adorar. Nuestro Anticristo hará lo mismo: colocar una réplica de sí mismo en el santuario para adorar bajo la amenaza de muerte.

Antíoco IV, en Daniel 11, fue el notorio Rey del Norte que realizó la anterior profanación del Templo judío en 167 a.C. Sus enfrentamientos con Ptolomeo de Egipto ocurrieron aproximadamente en 330 -164 a.C. Con el tiempo, emergió de Siria para convertirse en uno de los líderes militares bajo Alejandro Magno de Grecia. Cuando Alejandro murió, Antíoco recibió Babilonia y las provincias orientales de Alejandro para formar el Imperio Seléucida, que incluía Anatolia central, Persia, el Levante y Mesopotamia. Así, parece que fue el primero de esos primeros imperios, con una cadena de dinastías sirias y ptolemaicas que utilizaban continuamente Israel como paso para sus batallas. Daniel 11 describe esas batallas entre el rey del norte, Siria, y el sur de Egipto.

Aunque Daniel 11 retrató con exactitud las batallas y la intriga de los versículos 1 a 39, veremos que los versículos 40 a 50 nos hacen saltar al futuro usando las definiciones "actuales" de Rey del Norte y del Sur. Además, observe que, en efecto, estamos al final de los tiempos:

> Daniel 12:9 El respondió: "Sigue tu camino, Daniel, porque las palabras están enrolladas y selladas hasta el tiempo del fin.

> (Daniel 11:40-45) ⁴⁰"En el tiempo del fin, [Comment: esa Frase solo se usa una vez en la Biblia, se refiere al final de la semana de 6000 años de Dios,] el Rey del Sur [el Egipto actual y sus aliados] lo atacará; y el nuevo Rey del Norte [el neo-otomano Califat] vendrá contra él como un torbellino, con carros, jinetes y con muchos barcos; y entrará en los países, los abrumará y los atravesará. ⁴¹También entrará en la Tierra Gloriosa, y muchos países serán derribados; pero éstos escaparán de su mano: Edom, Moab y el pueblo prominente de Amón. ⁴²Extenderá su mano contra los países, y la tierra de Egipto no escapará. ⁴³Tendrá poder sobre los tesoros de oro y plata, y sobre todas las cosas preciosas de Egipto; también los libios y los etíopes le seguirán los talones. ⁴⁴Pero noticias del este y del norte lo perturbarán; por lo tanto, saldrá con gran furia para destruir y aniquilar a muchos. ⁴⁵Y plantará las tiendas de su Palacio entre los mares y el glorioso monte santo; sin embargo, llegará a su fin, y nadie lo ayudará.

El Anticristo ha cambiado del Antíoco de 167BCE a una primera versión de la entidad neo-otomana de 2022+ donde el versículo 45 dice "llegó a su fin", lo que implica su muerte. Dios encarnado y su ejército comienzan a atacar a Gog-Magog cuando regresó con "todos sus santos" en Zac 14:5. Ezequiel 38-39 cubre el rencor de Dios contra las fuerzas satánicas refiriéndose a sí mismo como el SEÑOR DIOS, diciendo: "Estoy contra ti, oh Gog".. Además, Él hace una pregunta retórica:

> Ezequiel 38:16-17 ^{16}Será en los últimos días que te traeré contra mi tierra, para que las naciones me conozcan, cuando yo sea santificado en ti, oh Gog, ante sus ojos". ^{17}Así dice el Señor Dios: "¿Eres tú, [Gog] aquel de quien hablé <u>en días</u> pasados por mis siervos los profetas de Israel, que profetizaron durante años en aquellos días que yo te traería contra ellos...?".

Además, el tiempo profético fue cuando "se reunió un pueblo de entre las naciones", que recogió a los judíos a Israel, convirtiéndolo de nuevo en una nación en 1947. Sentaría las bases para:

> Mateo 24:34, "esta generación de ningún modo pasará hasta que sucedan todas estas cosas"..

La Escritura alude a todos los juicios que deben suceder en las profecías del Apocalipsis para terminar el final de la semana de 6000 años de Dios. Daniel 11: 45 fija el tiempo de la transformación espiritual donde nuestro Anticristo de 2022+, que representa al califato neo-otomano en lugar de Antíoco, aparece en las tiendas del Palacio entre el Mediterráneo y el Mar Muerto, acabando de vencer a Israel y tomar la Ciudad Santa. Pero Dios responde en retribución, y el versículo <u>"Llegará a su fin, y nadie le ayudará"</u> nos dice escrituralmente que Él acaba con el Anticristo y lo entierra en Hamon-Gog.

El SEÑOR DIOS ha destruido los ejércitos del Anticristo al oeste del Éufrates, pero no los aún profetizados ejércitos de Armagedón.

¿Habría un tratado de paz después de derrotar al país de la bestia Gog-Magog y sus aliados? Al fin y al cabo, una guerra nuclear diezmó el campo y contaminó un territorio considerable, y Armagedón ni siquiera ha ocurrido todavía.

No hay ninguna indicación en la Biblia, pero un diálogo entre Clare Dubois y Jesús sugiere a través de los ministerios proféticos en línea que habría un tratado después del Rapto que no era el tratado ofrecido por el Anticristo.

Puesto que Dios encarnado derrotó al ejército occidental del Anticristo, solo las fuerzas del Armagedón al este del Éufrates serían la amenaza que le quedaría por enfrentar al ejército de Dios.

> (Joel 2) nos dice: *"Pero yo [Dios] alejaré de vosotros* **[pueblo judío]** *al ejército del norte,* **[Turquía Irán, etc. nuevo Rey del norte - neo-otomano diez naciones]**. <u>*Y lo expulsará a una tierra estéril y desolada, Con su rostro hacia el mar oriental*</u> **[Mar de Galilea]** <u>*Y su espalda hacia el mar occidental*</u> **[Mediterráneo]**; *Su hedor* **[ataque sobrenatural de Dios al Califato neo-otomano, etc. Armagedón]** *subirá, Y su olor fétido se elevará Porque ha hecho* [h] *cosas monstruosas"*.

Dios había atrapado al ejército del Anticristo en Meguido, entre el Mediterráneo y el Mar de Galilea. Ese ejército había crecido desde la primitiva Bestia siria hasta un Califato neo-otomano del Imperio que recogió diez naciones musulmanas al adquirir su tamaño. Se convirtió en el nuevo Rey del Norte, antiguo nombre bestial de

Antíoco, en 168 a.C. Así, se conoció como Gog-Magog o el Califato neo-otomano.

Si hubiéramos creído que la guerra entre el rey del norte y Egipto tuvo lugar en el año 168 a.C., Antíoco habría muerto en Judea luchando contra los judíos. En cambio, la historia nos dice que Antíoco pereció en una campaña contra el emergente Imperio Parto en Persia, muriendo en el año 164 a.C.. El acontecimiento del fin de los tiempos está por llegar y se sitúa en los años venideros de 2022+, y los versículos 40-45 reflejan el futuro ya que Antíoco no murió en Judea. ¿Será el más allá de Daniel? Este monstruo será la nueva Bestia adulta descrita antes, nacida del Imperio Otomano y muerta por estar en el bando equivocado en la 1ª Guerra Mundial. Crecería a partir de las promesas de 10 países no comprometidos de apoyar al califato neo-otomano en la próxima batalla contra Cristo en Armagedón. Dado que Gog-Magog desempeña un papel temprano en el plan de Satanás para capturar Israel/Jerusalén, es pertinente describir sus intenciones y cómo se relacionan con este último papel durante los 3.5 años finales.

Juicios [Trigo o Cizaña]

Aunque hemos tocado el tema del objetivo de Dios de llevarnos al cielo, nos gustaría saber cómo este proceso de separar el Trigo y la Cizaña encaja en la Cronología de Daniel. Después de todo, estamos hablando de la segunda oportunidad, es decir, Rapto, para llevar más almas al cielo. Antes de Cristo, Abraham creyó en Dios, y esa creencia, la fe, le contó como justo" y fue su camino al cielo como lo sería para cualquier otro creyente. Dado que DIOS se trata de cosechar almas para llevarlas al Cielo, parece razonable definir algunos términos espirituales. Somos una combinación de carne y Espíritu, donde el alma y el Espíritu Santo ocupan simultáneamente el mismo espacio al encajar en el cuerpo de uno como un guante. El Espíritu y el alma se trasladan al Cielo, mientras que el de uno permanece para quedarse en la Tierra. Estos espíritus en nosotros proclaman que somos un Templo de Dios, coherente con la Biblia.

Dios <u>tiene cerca de 2000 años desde la crucifixión hasta ahora para resolver quién hará el Arrebatamiento</u>. Además, Él tiene un lapso de vida de 70-80 años desde la Escritura para hacer el juicio.

> Salmo 90:10 [10]Los días de nuestra vida son setenta años; Y si por fuerza son ochenta años, Con todo, su jactancia es solo trabajo y tristeza; Porque pronto se corta, y volamos.

Su primera "clasificación" ocurrirá durante el Arrebatamiento, donde las semillas buenas y malas de Dios son análogas a la cosecha del Trigo y la cizaña <u>al final de la era</u>. Dios dice a los segadores: "Recoged primero la cizaña y atadla en manojos para quemarla, pero recoged el trigo en mi granero".

"La Ira del Cordero" entregará la primera cosecha de Dios al final de los tiempos <u>separando el "bien"</u> (Trigo) y el "mal" (cizaña) y Arrebatará a los que han "Nacido de Nuevo". Generaciones de aventamiento separarían el Trigo de la cizaña para seleccionar todas Sus almas. Luego, al igual que la resurrección de Jesús, los Arrebatados "nacidos de nuevo" heredarían su cuerpo glorificado al llegar al Cielo.

1er JUICIO: la humanidad

¿Quién? Población:
<u>Adán</u>/Eva hasta el <u>Rapto</u>
Metáfora bueno/malo: Trigo vs. Cizaña
Período cubierto: Faltan 3.5 años para los 6000
Criterios de salvación: "nacer de nuevo".
Guerra: numerosa a lo largo de 6000 años

COMIENZA EL FALSO CULTO

Para los cristianos, la escritura ya está en la pared. A lo largo del papado del Papa, él ha sentado las bases para una religión de un solo mundo: -- La Biblia, que profetiza tales acontecimientos para el final de los tiempos, admite que la mayoría abrazará al Anticristo... Dado que la evidencia ya está empezando a acumularse, reafirma que estamos viendo el final de la semana de Dios... El Papa apoya el Islam, una combinación de cristianismo e Islam... Ya 72 iglesias en los EE.UU. practican esa falsa religión... Razonablemente, el Papa podría mostrar que los cristianos y otras religiones podrían adorar de forma independiente, en el Templo reconstruido compartido, Sin embargo, cuando el Anticristo consolide su poder e invoque la marca de la Bestia, se declarará a sí mismo el Cristo retornado mediante la Abominación de la desolación, cuando presente su imagen para que sus seguidores la adoren bajo amenaza de muerte.

Cómo se reconstruya el tercer Templo será decisión de Dios, no de los judíos ni de los musulmanes.

Misteriosamente, la propia Biblia parece ofrecer la posibilidad septentrional argumentando que el lugar estará bajo el control del enemigo durante los últimos 3.5 años, por lo que no es necesario el atrio de los gentiles. Sin el muro, encajaría perfectamente justo al norte de la Cúpula. Además, supongo que Dios no querría que su tierra santa estuviera nunca bajo el control del maligno.

Ubicación de Gog-Magog

Gog-Magog no es más que un nombre diferente para la Bestia adulta. ¿Quiénes son, y de dónde vinieron? Los atlas bíblicos, IVP Atlas of Bible History, New Moody Atlas of the Bible, The Holman Bible Atlas, Zondervan, Atlas of the Bible, y otros listan a <u>Magog en Turquía</u>. La frase "Gog de la tierra de Magog" se refiere a Gog como líder de la tierra de Magog que incluye a Turquía y sus aliados: es decir, el Califato Neo-otomano. Daniel 8 y 11 son escrituras paralelas a Ezequiel 38-39. Ambas describen futuros ataques a Israel, es decir, "En los últimos años". (Ezequiel 38:8). En el tiempo del fin (Daniel 11: 40). El nuevo Rey del Norte vendrá contra el Sur (Egipto) como un torbellino y entrará en la Tierra Gloriosa (Israel). <u>Egipto, Libia y Etiopía serán</u> [tiempo futuro] capturados. El nuevo Rey del Norte plantará las tiendas de su Palacio entre los mares y el glorioso monte santo, <u>pero llegará a su fin, y nadie le ayudará</u> (Dan 11: 45). La implicación es que Israel está bajo asedio o tomado por el <u>nuevo</u> indefinido <u>Rey del Norte</u>, con <u>Egipto</u>, Libia y <u>Etiopía</u> como aliados capturados.

Nótese que Libia y Etiopía son tanto el Nuevo Rey del Norte como la identidad de Gog-Magog en Ezequiel 38:5, lo que significa que son lo mismo. Dos entidades diferentes no pueden poseer ejércitos idénticos: Por lo tanto, Gog-Magog es el nuevo Rey del Norte.- la Bestia del mar la nueva Bestia <u>neo-otomana</u> que seguirá la voluntad del Anticristo en atacar a Israel en los días finales. Como se señaló anteriormente, los <u>países ofensores</u> no han cambiado con el tiempo, solo los nombres.

> (Ezequiel 38: 7-9) ⁵Persia<u>, Etiopía y Libia están</u> con ellos, todos con escudo y casco; ⁶Gomer y todas sus tropas; <u>la casa de Togarmah, del lejano norte</u>, y todas sus tropas; mucha gente está contigo. ⁷"Prepárate y estate listo, tú y todas

tus compañías que se han reunido a tu alrededor; y sé un guardia para ellos. ⁸Después de muchos días serás visitado. En los últimos años vendrás a la tierra de los traídos de vuelta de la espada y reunidos de entre muchos pueblos en las montañas de Israel, que habían estado desoladas durante mucho tiempo; fueron sacados de las naciones, y ahora todos ellos habitan seguros. ⁹Ascenderás, viniendo como una tormenta, cubriendo la tierra como una nube, tú y todas tus tropas y muchos pueblos contigo".

Así que la alineación bíblica de los países islámicos que empiezan a formar la Bestia neo-otomana son Turquía, Persia (Irán), Egipto, Libia y Etiopía; rodeando virtualmente a Israel como advierte Lucas 21 con Gog como el Anticristo encabezando el ataque Gog-Magog contra Israel/Jerusalén

(Lucas 21:20,24): La Destrucción de Jerusalén

Este conflicto regional será la batalla moderna por Israel y la Ciudad Santa. Y luego, se transformará en la guerra Gog-Magog que cubrirá los últimos 3.5 años. Debe comenzar justo antes de la mitad de la tribulación para permitir la victoria de Satanás que permita establecer la Abominación de la Desolación en el Templo reconstruido. Al hacerlo, iniciará la segunda mitad, la Gran Tribulación de la Ira de Dios. Luego, como veremos, se transformará nuevamente en Armagedón: <u>El Anticristo venidero emulará la profanación de</u> Antíoco IV Epífanes en el año 168 a.C. en la vida de nuestros hijos.

IMAGEN DE LA ABOMINACIÓN DESOLADORA

Los versículos 36-39 de Daniel 11 describen el saqueo y la devastación de Israel/Jerusalén por parte de Antíoco. El versículo 40 dice explícitamente: "En el tiempo del fin", lo que no deja lugar a dudas de que los versículos 40-45 abarcarán la transición del espíritu del Anticristo en el futuro. Al tener un odio natural de los judíos tras su pacto con Dios, proscribió los ritos y tradiciones religiosas de los fieles ordenándoles adorar a Zeus como dios supremo (2 Macabeos 6: 1-12). Este acto profanador de sacrificar un cerdo en el altar del Lugar Santo del Templo judío dio lugar al término bíblico "Abominación de la desolación", donde se decía a la gente que debían adorar al ídolo de Zeus o morir. Como los judíos se negaron a obedecer, Antíoco los persiguió severamente enviando un ejército para hacer cumplir su Decreto. Masacraron a muchos y destruyeron Jerusalén debido a su resistencia. La persecución de Antíoco a los judíos en Jerusalén fue entre 168 y 167 AC. Los versículos siguientes, 40-45, implican una cosa, pero la realidad es otra. Los eruditos afirman que los versículos anteriores son históricamente correctos, pero, como se sugirió anteriormente, hay un misterio en las últimas cinco escrituras 40-45: Son futuras, no del año 167 AC.

La Marca de la Bestia

El Sello 4 muestra los estragos de los tres primeros sellos, donde la hambruna da lugar a la escasez de alimentos, causando hambre generalizada y produciendo la muerte por inanición. Las batallas subsiguientes empeorarían aún más el creciente número de cadáveres. La imagen que quedaría sería la de las bestias de la Tierra deleitándose gráficamente con la matanza dejada por los Caballos Blanco, Rojo, Negro y Pálido del Apocalipsis. El Anticristo extendería estas muertes por las naciones empleando la marca de la Bestia. La población no podría comprar ni vender sin llevar la "marca". Los seguidores de Satanás decapitarían a las familias creyentes que prefirieran aceptar ese destino antes que negar a su Señor.

El Señor dijo a su profeta, Sadhu, que le gustaría verle iniciar escuelas de martirio para enseñar a los niños la gloria del martirio en lugar de vivir con miedo a su sacrificio. Decapitar a los creyentes puede sonar horripilante, pero llegan al Cielo sin sentir nunca la cuchilla. El Espíritu está fuera del cuerpo antes de que el dolor golpee. Si entrenas a tus hijos a esperar las bendiciones inmediatas del Cielo en el martirio, Satanás no puede usar el miedo de tu hijo contra ti para que abandones tu fe y tomes la marca. En lugar de sufrir el miedo a la muerte, los niños ahora saben, y los padres deben decir a sus hijos que digan a los terroristas: Jesús te ama ante su acto atroz. La "marca" hizo que las almas martirizadas de debajo del altar en el 5to Sello clamaran a Dios que vengara sus muertes por mantener su fe. Recibirían túnicas blancas reconociendo su sacrificio mientras aprendían que tendrían que esperar la venganza de Dios un tiempo hasta que sus futuros hermanos martirizados se unieran a ellos. La mayoría de los muertos serían probablemente los cristianos y judíos perdidos en la batalla por Israel. Sin embargo, el 25% de muertos también incluiría a los de la próxima guerra GogMagog que seguiría aumentando la matanza mientras Yahvé lucha contra sus antiguos aliados. Todas estas muertes ocurrirían después de los tres días de oscuridad que ocurrirán justo antes del Rapto.

Tres días de oscuridad/demonios

¿Con qué propósito es la Plaga de las Tinieblas? Durante el Éxodo, el Señor endureció el corazón del faraón por no humillarse ante el Señor ni liberar a su pueblo de la esclavitud para servirle. Así que hizo que Moisés les castigara poniendo la plaga de las tinieblas sobre la tierra por no dejar ir a su pueblo.

Éxodo 10 La plaga de las tinieblas

[21]Entonces el Señor dijo a Moisés: "Extiende tu mano hacia el cielo para que las tinieblas se extiendan sobre Egipto, tinieblas que se puedan sentir "[22]Así que Moisés extendió

su mano hacia el cielo, y la oscuridad total cubrió todo Egipto durante tres días. [23]Nadie podía ver a nadie más ni moverse durante tres días. Sin embargo, todos los israelitas tenían luz en los lugares donde vivían.

Parecen ser Escrituras paralelas a Apocalipsis 6:6 las siguientes.

(Joel 2:2) ¡Toquen la [a]trompeta en Sión, Y den la alarma en mi santo monte! Que tiemblen todos los habitantes de la tierra; Porque viene el día del Señor, Porque está cerca: ²Un día de tinieblas y oscuridad, Un día de nubes Sin embargo, viene un pueblo grande y fuerte, que nunca ha existido como él, ni lo habrá después de él por muchas generaciones.

(Amós 5:18) [18]¡Ay de vosotros, que anheláis el día del Señor! ¿Por qué anheláis el día del Señor? Será tinieblas, no luz.

De manera similar, nuestro Señor quiso hacer lo mismo en la siguiente circunstancia. Muchos blogs proféticos ocurren en internet donde Dios ha contactado a cristianos dedicados dándoles visiones o sueños de cosas por venir. Puede que los hayan recibido en el pasado, pero Él les pedirá que los compartan con otros en algún momento en el futuro. Comencé a escribir este libro a partir de una visión de este tipo y no tengo problema en creer las historias milagrosas que aún están por suceder: Todavía estoy viviendo la mía. Inmediatamente después vendrá otra.

La historia de Linda Courtney

El sol se vuelve negro con la luna roja, y comienzan los días de oscuridad - el primer paso del sistema Nibiru. En los tres días de la noche que preceden al Rapto, el ejército de demonios de Dios comienza a atacar a los injustos mientras los justos permanecen en sus casas bajo llave y con las ventanas sombreadas durante esos días. Será la última vez que los malvados tengan la oportunidad de arrepentirse y clamar a Dios para que los incluya en el Rapto. El sol se vuelve negro y la luna roja, y comienzan los días de oscuridad - el primer paso del sistema Nibiru

Una mañana temprano, Linda Courtney estaba orando a nuestro Señor Jesús cuando, de repente, Él le dijo que escribiera. De nuevo, ella se mostró reacia, pero Él repitió la petición y, finalmente, ella accedió. Como resultado, escribió cinco páginas sobre "los tres días y las tres noches de oscuridad". Lo que sigue es su historia. La advertencia de Dios a los que escuchen para que se preparen para este acontecimiento traumático ocurrirá antes del Rapto.

El Mensaje de Dios

Dios dice Yo soy El Buen Pastor. Esta zona del tiempo, tal y como la humanidad conoce el tiempo, está llegando a su fin. A partir de dentro de unos días, todo está llegando a su cambio repentino. El tiempo de transición profunda está a punto de llegar a toda la Tierra. Los científicos lo llamarán cambio terrestre o climático. <u>Pero, Yo, el Señor Dios Todopoderoso, lo llamo mi santa voluntad y el cumplimiento de mis santos y más profundos decretos, que han sido establecidos desde tiempos inmemoriales. Yo soy el gran Yo soy</u>. La débil mano mortal del hombre no puede hacer nada para alterar, obstaculizar o detener lo que he preparado para la humanidad. Mi plan permanecerá. De hecho, este error del viaje de la humanidad en la Tierra está llegando rápidamente a su fin mientras cambio y reordeno todas las cosas.

Esta Tierra pronto <u>entrará en un tiempo de severa oscuridad global</u>. La gente entenderá cuando Yo, el Dios Todopoderoso, corra la cortina de negro sobre el planeta. Aquellos de los míos que han oído hablar de esta palabra entenderán. Captaré la repentina atención de la humanidad cuando toda la tecnología llegue a una repentina incapacitación para funcionar. Todo quedará en silencio, y la humanidad se verá sumida en un repentino desorden. Entrarán en pánico mientras se produce la confusión. Mucha gente perderá el pensamiento racional mientras la cortina de oscuridad crasa cubre la Tierra.

Yo, el Señor Dios, debo hacer esto literalmente para captar la atención de todos los ciudadanos de la Tierra. Mi pueblo, aquellos que conocen a Jesucristo como su Señor y Salvador, serán sacudidos mucho menos que el Pecador. Serán estabilizados por mi Espíritu Santo mientras la unción de mi santa presencia cae sobre ellos. Mi Espíritu Santo calmará sus mentes mientras vacilan por un tiempo, Así que, vean, mis amados hijos, hay millones de cristianos que son salvos por mi gracia que nunca han oído hablar de los Días de Oscuridad. Es por eso que los estoy llamando para que les digan lo que está a la vuelta de la esquina. Pueden abordarlo con términos científicos, Mi planeta, al que muchos llaman Planeta X o Nibiru, está robando su camino para cubrir vuestro sol eventualmente. Este planeta ha sido observado en varios lugares de la Tierra a veces a simple vista. Cuando este planeta cubra vuestro sol, cuando esto ocurra, yo, en mi gran misericordia, mantendré y controlaré totalmente la temperatura de la Tierra a 55 grados para que ningún hombre o animal se congele.

(Linda Courtney interviniendo: porque si un planeta cubriera el sol, normalmente hablando, seríamos lanzados a una edad de hielo, pero Dios mismo va a controlar la temperatura en Su misericordia sobre la Tierra.

El Espíritu Santo dice, sin embargo, que se sentirá frío. Por lo tanto, reúnan mantas para abrigarse, comida y agua para las necesidades médicas si es necesario. Deben estar por ahí preparados. No descarten esta advertencia, porque necesitarán comida y agua a menos que elijan ayunar. Las velas deben ser blancas y sin perfume. No me cuestionen sobre esto. Se pueden usar luces de aceite. Usen aceite refinado tanto como sea posible. Escuchen bien, mis amados, Yo soy su Santo Padre en el Cielo; No tenéis ningún Santo Padre terrenal. El Papa de Roma no es santo, pues solo yo soy santo. Estos días de oscuridad crasa son mi gran acto de misericordia para conseguir la plena atención de la Humanidad. En ese momento, muchos de los falsos dioses del mundo caerán.

A los que adoran a cualquier falso Dios se les quitarán las anteojeras, y podrán elegirme como Señor Dios y Salvador si así lo desean. Sin embargo, la elección última seguirá siendo suya, ya que no obligo a nadie a rendirse ante mí.

Escuchen más, mis amados. Inmediatamente antes de que esta oscuridad caiga, la Tierra temblará. La Tierra temblará mientras gime por la manifestación de los hijos de Dios. En muchos lugares, habrá terremotos reales ocurriendo. A medida que la oscuridad descienda, habrá despliegues majestuosos en el cosmos. Yo, el Señor Dios Todopoderoso, el Señor Jesucristo Dios en la carne, reorganizaré los cielos para que la humanidad vea los colores gloriosos y el rojo sangre profundo mientras los colores vagan alrededor de la Tierra. Verán este fenómeno que nunca se ha visto antes. Lo he reservado para este momento.

El Planeta X traerá grandes cambios a la Tierra, ya que la atmósfera se cargará de electricidad. Esto no dañará ni matará a la humanidad, pero pueden ver esto como una descarga que será intensa. Cuando estos cambios comiencen a ocurrir en los cielos, deben notificar a sus seres queridos inmediatamente. Deben dejar lo que estén haciendo y acudir inmediatamente a su casa. Es (ahora Escucha importante) mejor si los miembros de la familia pueden estar juntos en la casa de uno de los creyentes en Yeshua Jesucristo.

Por eso deseo que les cuentes de antemano lo que se avecina en la Tierra, para que estén dispuestos a cooperar contigo cuando llegue el momento. De lo contrario, te llamarán loco y no entrarán en tu casa.

(Linda Courtney: interviniendo. En otras palabras, cuando veamos la aurora boreal o las rayas rojas brillantes en el cielo y los relámpagos fuera de temporada con todos estos despliegues cósmicos. Entonces deberíamos llamar a nuestros seres queridos y decirles, hey, este es el momento. Venid antes de que oscurezca en un día o dos o lo que sea. Será mejor que entréis en mi casa conmigo. Van a decir: Estás bromeando, esto es solo un cambio en la tierra. Los científicos dicen que la Tierra va a pasar por cambios, así que estás loco. Esta razón es por la que se supone que debemos decirle a nuestra gente de antemano. Siguiendo con la palabra del Señor).

Deseo que los alerten ahora por su bien. Durante estos tres días y noches de oscuridad, muchas personas no salvas recibirán, en efecto, a Yeshua, Jesucristo, como su Salvador si han puesto un buen fundamento. Ahora es el momento de que seamos evangelistas: no esperar a que caiga la oscuridad porque entonces será demasiado tarde. No podremos salir de nuestras casas. Así que ahora es nuestro momento de ponernos en marcha con la palabra del Espíritu de Dios.

Al entrar en vuestra casa, os amonesto a que cubráis las ventanas y no os asoméis en ningún momento. No os asoméis en absoluto. Cerrad con llave vuestras puertas, y no abráis a nadie. ¿Por qué? Preguntáis mis amados hijos. Os diré por qué. Durante este tiempo, permitiré que hordas de demonios vaguen por toda la Tierra. Personas de todas las nacionalidades se darán cuenta de esto, y muchos morirán de miedo y tormento o ataque demoníaco. También, los mares rugirán, y grandes serán los cambios que atormentarán a la humanidad pecadora. Para mis amados hijos, aquellos que estén en sus hogares durante este tiempo, si obedecéis mis instrucciones, enviaré legiones de mis santos ángeles para protegeros.

No temáis. En toda la Tierra, al cesar toda la electrónica, no tendréis a quién recurrir sino a mí, el verdadero y único Dios de los siglos sin fin. Orad sin cesar. Orad en el Espíritu, confiad en mí. Y yo os llevaré a través. Por favor, tened en cuenta que durante este tiempo, la resurrección de los muertos tendrá lugar al estallar las tumbas de los justos muertos en todo el globo. Simultáneamente durante este tiempo, Mis hijos que me conocen como su Señor y Salvador pero que están viviendo en pecado y desobediencia voluntaria serán dejados atrás. Esa elección depende de ellos. Así que, la opción es obedecer a Dios ahora o desobedecer y ser dejados atrás. Mis amados hijos, ustedes me preguntaron ¿por qué permitiría un tiempo como este? Si habéis estudiado mi santa palabra, entenderíais por qué haré esto. Mi hermosa Tierra se ha contaminado no tanto por las emisiones químicas hechas por el hombre, sino más bien, mi Tierra se ha contaminado totalmente por la suciedad y la degradación de los pecados de la humanidad: Por los pecados de la humanidad. El pecado está destruyendo a la humanidad, y mi Tierra también está sufriendo. Así que voy a poner fin al dominio de la humanidad en el planeta, a lo largo de los seis mil años transcurridos desde que creé tu planeta hasta ahora. Mis seres humanos creados se han empeñado en tomar malas decisiones llamadas pecados. Estos pecados están destruyendo ahora mi Tierra. Por lo tanto, voy a intervenir personalmente.

Pronto pondré en práctica mi plan, que salvará a la humanidad de la destrucción total; ya que mi palabra dice que, por el bien de los elegidos, acortaré el día. Además, mi intervención salvará a mi Tierra. Amo mi creación, y mi plan para el planeta que he creado aún está por cumplirse.

Después de todo, está dicho y hecho, a mi Tierra se le darán otros mil años en los que la gloria y la belleza no solo serán restauradas, sino que se multiplicarán a medida que mis Santos gobiernen conmigo durante mil años. Leed mi palabra, queridos. Leed mis escrituras, y os daré entendimiento. Confiad en mí, mis amados hijos. Nunca os dejaré ni os abandonaré. Estaré cerca de cada uno de mi pueblo que me invoque, porque soy un Dios de perfecto amor, misericordia y gracia. Soy Yeshua Cristo, el Señor.

Fin del mensaje de Dios

(SEXTO SELLO) Perturbaciones cósmicas:

Muchas cosas comienzan a suceder cerca de la mitad de la tribulación. Primero, la captura de Israel/Jerusalén desencadena la colocación de la Abominación desoladora del Anticristo en el Templo reconstruido. Segundo, Nibiru aparece en escena para bloquear la luz del sol de brillar sobre la tierra y la luna [período de oscuridad que precede al Rapto]. Tercero, la proximidad del planeta alienígena cruzando la eclíptica causa un terremoto que escrituralmente hace que las montañas y las islas se muevan. Finalmente, las estrellas del cielo que caen a la tierra son sinónimo de que los ángeles de Dios vienen a recoger a los Arrebatados. El rollo que retrocede es la sensación que reciben los Arrebatados cuando los ángeles los llevan al cielo: ref Pastor Carl Gallup's Rapture Dream.

Nibiru

Apocalipsis 8:8 Entonces el segundo ángel tocó la trompeta: Algo *semejante* a una gran **montaña** ardiendo en fuego fue arrojado al mar, y la tercera parte del mar se convirtió en sangre.

Al explorar si alguna información apoyaba tal premisa, la respuesta fue: Sí

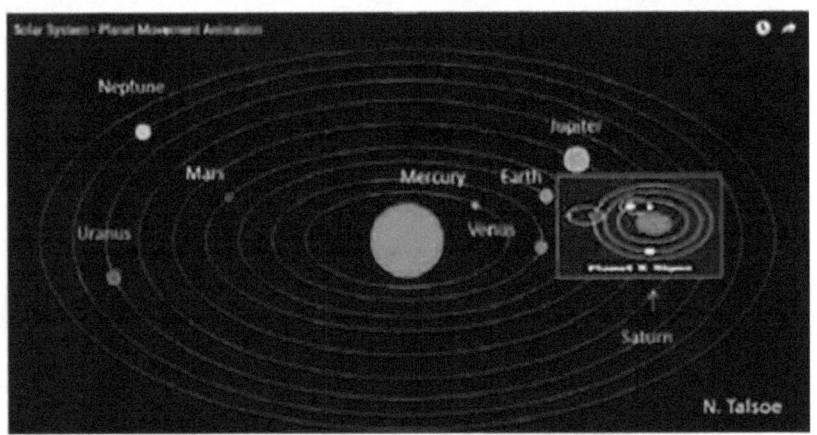

Sistema planetario de Nibiru

De la mitología sumeria procede una historia de Dios (misteriosos extraterrestres de "Carros de los Dioses" - von Dannikian) que llegan desde los cielos a la Tierra. La mitología sumeria también describe al planeta destructor Nibiru como una amenaza para la supervivencia de la Tierra. Una explicación bíblica sugeriría que estos llamados dioses extraterrestres eran ángeles caídos que Dios expulsó del cielo. A medida que los hijos del hombre se multiplicaban y producían familias, estos ángeles descubrieron que codiciaban a sus mujeres, a las que consideraban exquisitas y deseables. Su pasión por las mujeres hizo que se aparearan con las mujeres de la tierra dando lugar a gigantes en aquellos días llamados los Nefilim. Goliat era uno de esos gigantes que aún quedaban después del diluvio. Se podría suponer, como antiguos Ángeles, estaban al tanto de muchos de los secretos del cielo y además pensar que usaron ese conocimiento para hacer muchas cosas maravillosas, incluyendo alterar genéticamente a la humanidad para ser parte humana y animal. Esta suposición explicaría las muchas imágenes extrañas de los primeros imperios egipcios: parte animal, cuerpos humanos con cabeza de pájaro, etc. Dios finalmente no pudo aguantar más y creó el diluvio que destruyó a toda la población excepto a los ocho de la familia de Noé. El libro de Enoc y la Biblia describen estos hechos.

¿Existe la menor duda de que la humanidad se está acercando aceleradamente al umbral de pecaminosidad que hizo que Dios aniquilara a los Nefilim y su descendencia por haber contaminado tanto el ADN de la humanidad?

¿Sabía que los científicos están creando híbridos vaca/humano, cerdo/humano e incluso ratón/humano? Esta actividad ocurre a diario en laboratorios de todo el mundo, pero la mayoría de la gente ni siquiera ha oído hablar de ella. Sin embargo, los híbridos humano-animales son un tema de interés en la actualidad..

El punto de discusión anterior es que la humanidad siempre está dispuesta a creer que otros terrestres en el universo nos crearon pero no nuestro Dios. Dios, en los días de Noé, envió a la humanidad un mensaje bíblico al destruir a la humanidad con un diluvio. La próxima vez lo hará con fuego (2 Pedro 3: 7). Suponiendo que las noticias sobre Nibiru y su sistema solar sean correctas, solo Dios sabe cuándo golpeará. Creo que los terremotos bíblicos darán pistas de cuándo. Las previsiones ya se equivocaron en pronósticos anteriores entre 2003, 2008 y 2012. Satanás está entregando la información, y como él es el maestro del engaño, le conviene impulsar la información falsa y hacer que la humanidad "grite lobo" antes de que llegue lo real. Presumir que el Creador extraterrestre sumerio era nuestro Dios bíblico es una herejía. La Biblia describe una historia diferente en Génesis 6. Los llamados dioses del espacio exterior no eran más que los ángeles caídos expulsados del cielo por Dios -se convirtieron en los gigantes malignos. Dios creó el universo y toda la Vida, incluyendo a Lucifer y sus ángeles caídos. Lo que aterrizó en la Tierra fue Satanás y sus demonios - no astronautas.

Desde finales del siglo XVIII, se ha buscado un noveno planeta en nuestro sistema solar; que explicaría las órbitas excéntricas exhibidas por Urano y Neptuno. Hay un debate en curso sobre si tal probabilidad se encuentra en nuestro futuro, que trataré más adelante. Dos piezas de las Escrituras más la historia parecen vincular un pequeño sistema solar enano marrón con tres planetas y dos lunas con la probabilidad de que podría ser el Némesis de la Tierra. La antigua cultura sumeria llamó al sol enano marrón por ese nombre. Si este pequeño sistema solar existe o no, su presunción parece ser el mejor ajuste para el sufrimiento descrito en la Tierra.

Los escritos sumerios definen un pequeño sistema solar en el que el sol llamado Némesis, con sus planetas, orbitaría el sol de la tierra cada 3600 años. Su órbita tiene una inclinación relativa de 30 grados respecto a la eclíptica de nuestro sistema solar. Los protagonistas afirman que la enana marrón y sus planetas se esconden detrás de nuestro sol. Muestran fotografías espectaculares de soles duales que sugieren que está cerca de entrar en nuestro sistema solar. Los antagonistas sugieren lo contrario, declarando que no existe. Sin embargo, de ser cierto, la segunda mitad será mucho peor, con cambios masivos en la Tierra desencadenados por terremotos y actividad volcánica que provocarán un desplazamiento del manto terrestre alrededor de su núcleo. Los antagonistas sugieren lo contrario, declarando que no existe. Las regiones polares rotarán hacia el ecuador, y las zonas templadas se convertirán en los polos Norte y Sur. Además, "*algo* parecido a una gran montaña ardiendo en fuego fue arrojado a el mar", dando lugar a tsunamis masivos de una milla de altura o más. La población de la Tierra será mucho menor que la actual.

¿Te suenan las descripciones? No estamos viendo ahora todo esto sucediendo? Muchos cristianos perseguidos están muriendo ahora y seguirán muriendo por no abrazar las creencias cristianas y la religión de Dios y Jesucristo. El Anticristo tiene las decapitaciones ya teniendo lugar. Un punto de vista Preterista puede decir que todo esto ocurrió en el pasado: como ocurrió en el 70 DC, pero es falso - será el futuro léase Daniel.

No obstante, dado que solo el 34% de la población cree en el cristianismo, la mayoría no lo hará. Durante la semana de 6000 años, será como la partida, ya mencionada, de ajedrez entre Satanás y Dios. Ellos serán los jugadores que intentarán convencer a las piezas de ajedrez, nosotros, para que se muevan según sus órdenes. Será una batalla por las almas: los ganadores irán al cielo, los perdedores al Hades. Mientras tanto, la humanidad sufre la muerte a lo largo de esos 6000 años de espera de la vida eterna de Cristo en el milenio.

Estos juicios ocurrirán durante la línea temporal de 7 años de Daniel, definiendo los últimos años de la semana de Dios. Sin embargo, su profecía, hecha hace casi 2600 años, solo completó 483 años de castigo antes de ser interrumpida por la crucifixión de Cristo. Su crucifixión marcó la transición del imperio de la ley al evangelio de Jesucristo en el Nuevo Testamento. También dejó los siete años restantes para ser completados en algún momento en el futuro. Dios dispersó a los judíos por las naciones durante casi 2000 años como castigo por desobedecer a Dios. Sin embargo, Promete el futuro renacimiento de Israel, como se profetiza en:

> **Ezequiel 36:22-24**- "No es por vosotros, casa de Israel, por lo que voy a actuar, sino por Mi santo nombre'... _Porque os tomaré de entre las naciones, os reuniré de todas las tierras y os traeré a vuestra tierra"._

Solo cuando la promesa de Ezequiel se hiciera realidad, Dios volvería a crear a Israel como nación. Solo entonces podría "la línea de tiempo de Daniel", la última semana de siete años, estar terminada. Al final de ese tiempo, Cristo regresaría en retribución final.

Un pequeño sistema solar con un sol enano que tiene un planeta, Nibiru, muchas veces del tamaño de nuestra Tierra, y otros dos que orbitan a su alrededor, pronto estará en un encuentro cercano con nuestro mundo. Ya hay evidencias en el cielo que muestran dos soles aparentes bajo ciertas condiciones. <u>El segundo sol es un planeta alienígena dentro de nuestro sistema que refleja la luz de nuestro sol.</u> Solo hay que googlear "dos soles" para ver la miríada de fotos y videos que muestran algo allí.

Las acusaciones de conspiración sugieren que Alguien photoshopeó los videos de los soles duales. Sin embargo, tales objeciones no pueden explicar cómo nuestro sol reflejándose en un techo de hojalata yendo de este a oeste fue seguido 4 horas más tarde de manera similar por un objeto brillante yendo de oeste a este. Estaba picado de viruela y rotando bajo un fondo filtrado. Dudo que alguien gastara tiempo y esfuerzo en construir el número de videos disponibles falsamente.

La Escritura Bíblica apoya la teoría al definir dos poderosos terremotos en el fin de los tiempos con 3.5 años de diferencia. El primero Ocurriría durante el Despliegue Celestial del Sello 6 cuando el Sistema Nibiru entra por primera vez en nuestra eclíptica, y (Ap 6:6) <u>"todo monte e isla fue movido</u> de su lugar".

<u>La Segunda</u> coincidencia ocurriría cuando Nibiru esté aún más cerca. <u>Con el regreso de Cristo en Armagedón 3.5 años después</u> (Ap 16:18,20). "<u>Hubo un gran terremoto, un terremoto tan fuerte y tan grande como no había habido desde que los hombres están sobre la tierra</u>". <u>Entonces huyeron todas las islas, y no se hallaron los montes.</u>

El primer terremoto a mediados de la tribu solo movió las montañas y las islas, mientras que el terremoto final las aplanó, mientras que todas las islas desaparecieron. Este planeta "bola de demolición" recorre su órbita elíptica de treinta y seiscientos años alrededor de nuestro sol, interceptando nuestro plano eclíptico al llegar y saliendo más cerca que cuando entró, dejando estragos. Según la antigua mitología sumeria, tiene una supuesta historia, llamándolo el "destructor".

Mientras que puedes descartar Nibiru como una teoría de la conspiración que permite un análisis de causa y efecto, también es un evento bíblico profetizado. Sucederá ya sea que Nibiru lo cause o no. Un ingeniero que busca una correlación estadística entre eventos bíblicos y ve evidencia de orbes gigantes en el cielo, creíble o no, da una alta probabilidad de cómo Dios manejará el castigo. A pesar de las afirmaciones conspirativas, si parece un pato y se puede ver, elijo creer a mis ojos. Además, Él dice lo que hará en su dictado a Linda Courtney, y otros ministerios proféticos han señalado a Nibiru.

(Apocalipsis 6) Sello 6 [12] Miré cuando abrió el sexto Sello, y [g] he aquí que hubo un gran terremoto, y el sol se puso negro como tela de cilicio, y la [h] luna se puso como sangre. ¹³ Y las estrellas del cielo cayeron a tierra, como una higuera deja caer sus higos tardíos cuando la sacude un viento impetuoso. ¹⁴ Entonces el cielo [i] retrocedió como un pergamino cuando se enrolla, y toda montaña e isla fue movida de su lugar. ¹⁵ Y los reyes de la tierra, los grandes hombres,[j] los ricos, los comandantes, los poderosos, toda persona esclavizada y todo hombre libre, se escondieron en las cuevas y en las rocas de las montañas, ¹⁶ y dijeron a las montañas y a las rocas: "¡Caed sobre nosotros y escondednos de la faz del que está sentado en el trono y de la ira del Cordero!". ¹⁷ Porque ha llegado el gran día de su ira, ¿y quién podrá resistir?".

En resumen:

- El Anticristo toma Israel/Jerusalén
- Anticristo establece la Abominación de la desolación Imagen
- Marca de la Bestia implementada [Sello 5]
- Nibiru aparece, causando terremotos masivos y creando oscuridad del sol/luna,
- Tres días de oscuridad preceden al Rapto
- El Rapto ocurre

(Isaías 13:10) 10 Porque las estrellas del cielo y sus constelaciones no darán su luz; El Sol se oscurecerá en su salida, Y la luna no hará brillar su luz.

(Isaías 13:13) Por tanto, haré temblar los cielos, Y la tierra se moverá de su lugar, En la ira del Señor de los ejércitos Y en el día de su furor.

Dios El Aquí, Más Allá:

COMPARACIÓN DE MUNDOS EN COLISIÓN

Todavía están por venir los juicios de la Trompeta y la Copa. Estos castigos caen dentro del período de la ira de Dios, alias La Gran Tribulación: "habrá sufrimientos como no los ha habido desde el principio del mundo hasta ahora, ni los habrá jamás". Serán los últimos 3.5 años de los siete años. E incluirán terremotos significativos, Tsunamis, actividades volcánicas, la Tierra saliéndose de su órbita, plagas, guerra nuclear, cambio de polos, lagos y océanos contaminados, contactos con asteroides, invasión de monstruos del abismo, vientos huracanados, calor abrasador y oscuridad prolongada. La pérdida de vidas sería probablemente superior a 6.000 millones de personas.

Los futuros castigos de las Trompetas y las Copas exhiben similitudes con las plagas dadas por Dios contra el Faraón egipcio durante el Éxodo judío. La siguiente narración cubrirá el período desde el 6º Sello en Apocalipsis 6: 12, durante la Tribulación Media, hasta el final del regreso de Cristo. Comenzará con la exhibición celestial en Apocalipsis 6 y progresará a través de la guerra Gog-Magog, seguida del final de la semana de Dios con la llegada de Cristo a Armagedón en el último y fantástico Día de Yahveh. La estrecha correlación entre las plagas del Éxodo refuerza de nuevo que Nibiru fue un ciclo repetitivo de la sugerida trayectoria elíptica de 3600 años de este pequeño sistema solar.

Basándose en la historia cultural y cosmológica de todo nuestro planeta y sistema solar, Immanuel Velikovsky, en su libro de 1967, Mundos en colisión, relata el apoyo a la existencia de Nibiru. Se ha esforzado por demostrar que una serie de catástrofes cósmicas ocurrieron hace tan solo 2600 a 3400 años a lo largo de la historia estelar. La advertencia es que si estas cosas pueden ocurrir en el pasado, también pueden repetirse en el futuro. Su investigación abarcó numerosos libros de la antigüedad, buscando patrones repetitivos de destrucción. Como se verá, la correlación entre estos eventos y la Biblia en ese marco temporal es notable. A continuación se presenta un resumen de parte de la historia de su libro comparada con las escrituras relacionadas:

Libro:

Un cuerpo celeste que se había convertido en miembro del sistema solar poco antes - Un nuevo cometa se acercó mucho a la Tierra. El cometa iba camino de su perihelio y tocó la Tierra con su cola gaseosa. Uno de los primeros signos visibles <u>de este encuentro fue el enrojecimiento de la superficie de la Tierra con un fino polvo de pigmento oxidado</u>. Esta mancha en el mar, lagos y ríos **dio una coloración sanguinolenta al agua** - El mundo se volvió rojo. Página 64.

Biblia:

> (Ap 16,2) el mar se convirtió en sangre como de un muerto, y todo ser viviente que había en el mar murió. (Ap 16,4) [4]....*los ríos y los manantiales de agua, y se* ***convirtieron en sangre.***

Libro:

La *piel de hombres y animales se irritó* por el polvo que causó forúnculos, enfermedades y muerte del ganado. Página 64-65.

Biblia:

(Ap 16,2) hedionda y **repugnante llaga** cayó sobre los hombres que tenían la marca de la Bestia y los que adoraban su imagen.

Libro:

La Tierra penetró más profundamente en la cola del cometa y se acercó a su cuerpo. A este engullimiento siguió *una perturbación de la rotación de la Tierra*. Terribles huracanes barrieron la Tierra debido al cambio o inversión de la velocidad angular de la rotación y a causa de los gases, el polvo y las cenizas del cometa. Un viento extremadamente fuerte perduró durante siete días. Todo el tiempo, la tierra estuvo envuelta en tinieblas. Los días cuarto, quinto y sexto, las tinieblas fueron tan densas que el pueblo de Egipto no podía moverse de su sitio. No se podía discernir nada. Nadie podía hablar ni oír, ni nadie podía aventurarse a tomar alimento, sino que posaban sus sentidos exteriores en trance. Así, permanecieron abrumados por la aflicción. *Durante la plaga de las **tinieblas**, pereció la inmensa mayoría de los israelitas. Pg 74.*

Biblia:

(Ap 16: 10) [10] ... y su reino se llenó de tinieblas, y se mordían la lengua a causa del dolor.

Libro:

El **área del terremoto fue todo el globo terráqueo**. Las ciudades quedaron destruidas: "todas arruinadas".. El granizo mató a los que huían del terremoto, y los que buscaron refugio del granizo fueron destruidos por el terremoto. Pg 78-79.

La precipitación de la atmósfera resultante de la inercia cuando la Tierra dejó de girar o desplazó sus polos contribuyó a <u>huracanes de enorme velocidad y fuerza de dimensiones mundiales</u>. La faz de la Tierra cambió, <u>montañas se derrumbaron</u>, y otras crecieron y se elevaron sobre las aguas <u>embestidas expulsadas de la cuenca del Océano</u>. Pg 82.

Biblia:

> (Ap 16:18-21) *Hubo un **gran terremoto**, un terremoto tan fuerte y tan grande como no había ocurrido desde que los hombres están sobre la Tierra.* [20]*Entonces, toda isla huyó, y las* [21]*Y cayó granizo del cielo sobre los hombres, cada granizo del peso de un talento. Los hombres blasfemaron contra Dios a causa de la plaga del granizo, ya que aquella plaga era sumamente grande. No son estas catástrofes anteriores tan grandes y tan poderosas como no se habían producido desde que los hombres están sobre la Tierra.*

No son estas catástrofes anteriores similares a las que trata la Biblia en los juicios del Sello, de la Trompeta y de la Copa? En ambos casos, un planeta "bola de demolición" del espacio exterior podría causarlas.

RAPTURA: Cristo en las nubes

Zacarías 14:5 nos dice: Así vendrá el Señor mi Dios, Y <u>todos los santos con Él.</u>

(Mateo 24:29-31) La Venida del Hijo del Hombre [29]"Inmediatamente después de la tribulación de aquellos días, el sol se oscurecerá, y la luna no dará su resplandor; las estrellas caerán del cielo, [Comentario: las estrellas son los ángeles de Dios que recogen a los Arrebatados].

Lo anterior nos dice que inmediatamente después de la tribulación temprana de los primeros cinco Sellos, Nibiru aparece en nuestro plano eclíptico para oscurecer nuestro tierra, la luna y el sol. Así, comienzan los días de oscuridad sobre los que Dios nos advierte en Su historia para que Linda Courtney registre. Nuestro Padre nos explica entonces metafóricamente que cuando las ramas de la "higuera" comienzan a florecer, sabemos que el verano está cerca: es decir, percibimos la estación del regreso de nuestro Señor.

(Mateo 24:32-35), Dios también describe la temporada de

"Aprended ahora esta parábola de la higuera: Cuando su rama ya está tierna y echa hojas, sabéis que el verano está cerca. [33]Así también vosotros, cuando veáis todas estas cosas, sabed que [e]está cerca: ¡a las puertas! [34]*De cierto os digo que no pasará esta generación [70-80 años desde el renacimiento de Israel] hasta que sucedan todas estas cosas.* [35]El cielo y la tierra pasarán, pero mis palabras no pasarán.

(1 Tesalonicenses 4:13-18) Y los muertos en Cristo resucitarán primero. 17 Entonces nosotros, los que estemos vivos y permanezcamos, seremos arrebatados juntamente con ellos en las nubes para recibir al Señor en el aire. Y así, estaremos siempre con el Señor.

La escritura anterior parece dirigirse a todas las almas desde la crucifixión de Cristo. Serían la cosecha de la siembra de Dios de sus semillas durante esos más de 2000 años.

(1 Corintios 15:52) en un momento, en un abrir y cerrar de ojos, a la última Trompeta. Porque sonará la Trompeta, y los muertos serán resucitados incorruptibles, y nosotros seremos transformados.

Aunque la palabra Rapto no aparece en la Biblia, claramente, el acontecimiento se muestra en el versículo Mateo 24:31. *"los ángeles estaban reuniendo a sus elegidos de los cuatro vientos*, desde un extremo del cielo hasta el otro.

Cristo no hace un regreso a la tierra en este momento. La escritura habla del presunto eclipse simultáneo imposible del sol y la luna. Un eclipse de sol requiere que la luna esté entre el sol y la tierra un eclipse de luna requiere que nuestro mundo esté entre la luna y el sol. Para eclipsarse simultáneamente, el sol y la luna necesitan una masa celeste considerable entre el sol y nuestro planeta y luna, es decir, Nibiru. Se estima que Némesis es 50 veces más masivo que nuestro mundo, Cualquier planeta más masivo que nuestra luna haría que el eclipse fuera más prolongado y oscuro debido a su tamaño. Eliminaría la corona solar y las estrellas que, de otro modo, brillarían en el cielo negro junto al sol. La oscuridad, de hecho, sería sofocante. *Un sol oscurecido y una luna roja u oscura simultáneos son imposibles sin un planeta alienígena intruso que eclipse el sol y la tierra.* *Aparecería durante la exhibición celeste, a la que se refiere el Sello seis,*

(Isaías 13:13): ¹³Y la tierra se moverá de su lugar

(Apocalipsis 6:14) cada montaña e isla se moverá de su lugar.

Nuestra luna debe estar a la sombra de nuestro planeta en el otro lado, mientras que nuestro planeta estaría a la sombra del mundo alienígena diferente entre nosotros y el sol. Así que solo podría ser uno de los planetas Némesis/Nibiru que, si _es lo suficientemente grande_, bloqueará por completo el sol para que no se refleje en nosotros o en la luna.

El objetivo de Dios siempre ha sido que la humanidad crea en el Evangelio de Jesucristo. No sería propio de Él castigar aún más a sus elegidos si ya han cumplido los criterios para la salvación. De ahí que el Arrebatamiento de los elegidos antes de los últimos 3.5 años brutales tendría mucho sentido y satisfaría las escrituras que se refieren a una Tribulación acortada para los "Nacidos En este punto de vista: Dios escoge a sus elegidos, durante los primeros 3.5 años, en lugar de que permanezcan con los incrédulos toda la duración para probar la ira de Dios. Las siguientes escrituras validan que Dios no quiere que sus "nacidos de nuevo" pasen por la Gran Tribulación. Por lo tanto, los creyentes serán Arrebatados de nuestro mundo antes de la Ira de DIOS.

> (2 Pedro 2:4-9): [4]Porque si Dios no perdonó a los ángeles que pecaron, sino que los arrojó a los infiernos y los entregó a las cadenas de las tinieblas, para ser reservados al juicio; [5]y no perdonó al mundo antiguo, sino que salvó a Noé, uno de los ocho, predicador de justicia, provocando el diluvio sobre el mundo de los impíos; [6]y convirtiendo en cenizas las ciudades de Sodoma y Gomorra, las condenó a la destrucción, haciéndolas ejemplo de los que después vivirían impíamente[7] y libró al justo Lot, oprimido por la sucia conducta de los impíos[8] (pues aquel justo, morando entre ellos, atormentaba su alma justa de día en día viendo y oyendo sus actos impíos)- [9]entonces el Señor sabe librar a los piadosos de las tentaciones y reservar a los injustos bajo castigo para el día del juicio,

1 Tesalonicenses 1:10, ¹⁰y esperar desde el cielo a su Hijo, a quien resucitó de entre los muertos, a Jesús, <u>que nos libra de la ira venidera.</u>

(1 Tesalonicenses 5:9) ⁹ Porque <u>Dios no nos destinó a la ira</u>, sino para alcanzar la salvación por medio de nuestro Señor Jesucristo,

(Romanos 5:8-9) ⁹ <u>Mucho más, pues, estando ya justificados por su sangre, por él seremos salvos de la ira</u>

(Apocalipsis 3:10) <u>Yo también os guardaré de la hora de la prueba</u>

Estas escrituras prueban que somos salvos de la ira venidera de Dios. Los dignos sobrevivientes "dejados atrás" que soportaron el testamento de fuego de la Gran Tribulación al sobrevivir para pasar a través, perseverar, y unirse a Cristo como sus sacerdotes y reyes para servirle en su reinado de mil años.

CULPA DE DIOS (2do 3.5 años) Anticristo en control

La Cronología de Daniel que inicia esta narración sitúa los castigos de la Ira de DIOS a mediados de la tribulación, después de la Ira del Cordero. Así, el Anticristo, dueño del Monte del Templo, <u>interrumpe</u> los primeros 3.5 años de sacrificio permitido para colocar su <u>Ídolo de Abominación</u> en el Santuario de Dios durante los 3.5 años finales. En la segunda mitad de la tribulación, una nueva verdad se hace evidente: Los dos Testigos de Dios pisarán la Ciudad Santa durante los 3.5 años finales. El Ídolo de la Abominación de la Desolación estará en su lugar durante la misma duración. Sabemos que la muerte y resurrección de los testigos ocurrirá al final del período de 42 meses o 1260 días. Así, habrán terminado la tarea asignada por Dios de dar testimonio y profetizar para Él. Sus testigos tendrán el poder de causar sequía durante sus días de profecía, convertir el agua en sangre, y causar plagas sobre el enemigo tan a menudo como lo deseen. Sin embargo, Sin embargo, para mostrar Su Gloria, Dios permitirá que el Anticristo surja del abismo y mate a los testigos, dejándolos tirados en la calle durante tres días y medio. Ocurrirá a la vista de los que todavía estén en la tierra y celebren el espectáculo. Entonces, después de tres días y medio, Dios les devolverá la vida, diciendo "ven aquí arriba" en voz alta, causando gran temor en todos los que estén mirando. Su muerte y resurrección deben ocurrir dentro de los últimos <u>3.5 días</u> del período final. Es porque el tiempo de Apocalipsis 11:13 llama a un terremoto durante su avivamiento que coincide con <u>la misma hora</u> que el terremoto en Apocalipsis 16:18, Tazón 7; es decir, el que fue "tan grande..." que nunca antes había ocurrido". Por lo tanto, si la <u>Trompeta 7</u> coincide con el Tazón 7, entonces el Tazón 1-7 también debe ocurrir en ese último día: El Día del SEÑOR. Por lo tanto, la Ira de Dios

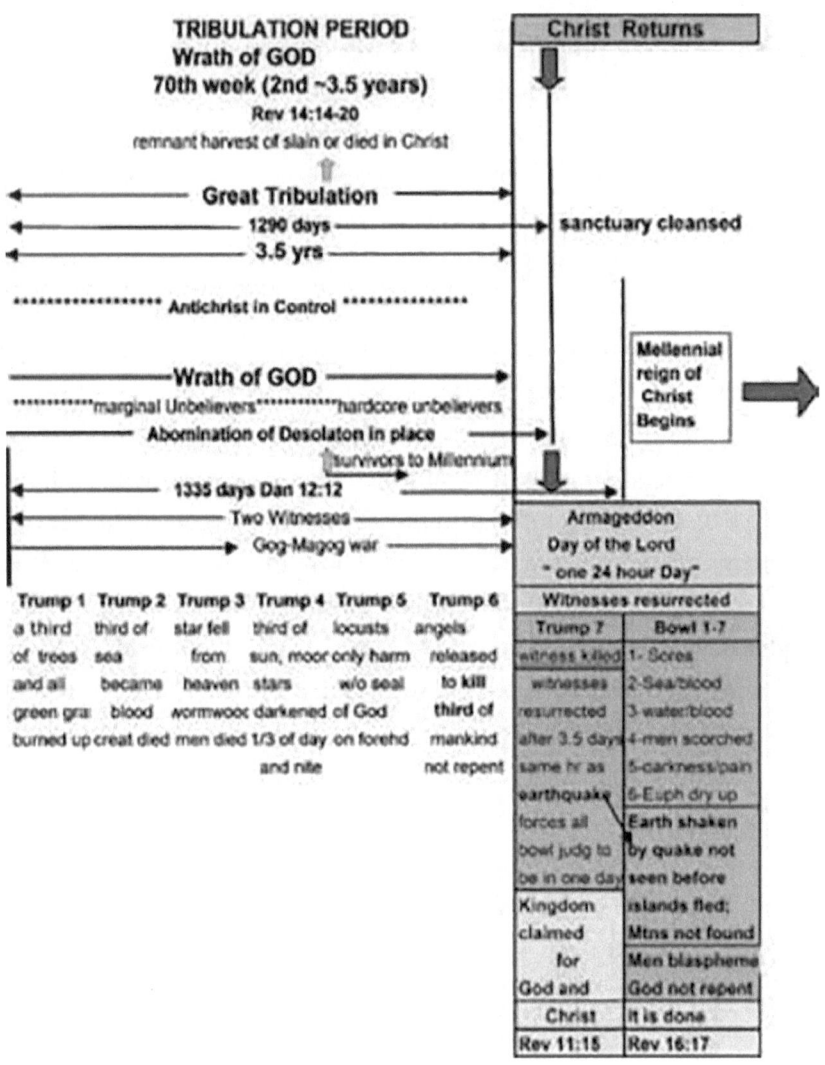

SEGUNDO JUICIO: CRISTO JUZGA A LAS NACIONES

¿Quién? Las naciones desde el Rapto hasta el Armagedón

Metáfora Bueno/Malo: Ovejas vs. Cabras

Periodo cubierto: desde el Rapto hasta 1 día antes de los últimos 3.5 años

<u>Criterios de salvación:</u> "Actos aleatorios de bondad".

Guerra: Gog-Magog que termina en Armagedón

Dios encarnado como Cristo aterriza en/ parte el Monte de los Olivos

Una vez que Jesús haya entregado a los Arrebatados al cielo, la tarea bíblica cambia. El término <u>SEÑOR, Dios mío</u>, nos dice que aunque veamos a Cristo aterrizar y partir el Monte de los Olivos, la personalidad de Dios está al mando.

(Zacarías 14) ³Entonces saldrá Yahveh Y luchará contra aquellas naciones, <u>[Comentario: Aquellas a las que ayudó a castigar a Israel]</u> Como lucha en el día de la batalla. así ⁵vendrá <u>Yahveh mi Dios</u>, Y todos los santos con Él.

Las treinta y seis referencias de la Biblia reconocen el término que usa mayúsculas para SEÑOR como Padre DIOS. Así, los santos recién entregados al cielo se unirían a Dios en Su batalla con las almas que ya están allí.

Fiel a su palabra, Dios se manifiesta como Cristo para retomar la lucha con Gog-Magog, la última bestia, el futuro califato neo-otomano. Acababa de terminar de ayudar en el castigo a Israel. A medida que se acerca la batalla final, esta Bestia de seis naciones crecerá hasta diez y quizás más países adicionales. La bestia de seis naciones, la bestia de seis naciones, crecerá hasta diez y quizás más países adicionales. La bestia de seis naciones, la bestia de seis naciones, crecerá hasta diez y quizás más países adicionales.

JUICIOS DE TROMPETA Y COPA

Debido a que las numerosas coincidencias de tiempo y eventos de interacción entre los juicios de la Trompeta y la Copa preparan el escenario para todo lo demás que sucede, es necesario definir esa relación por adelantado. El análisis de los juicios de la Trompeta y la Copa muestra que:

Séptima Trompeta

> (Apoc11:13) ¹³En la misma hora [Comentario: como la resurrección de los 2 testigos], hubo un gran terremoto, y cayó la décima parte de la ciudad.

y 7ª Copa

> (Ap 16,17) ¹⁷ Entonces el séptimo ángel derramó su copa por el aire, y del templo del cielo, del trono, salió una gran voz que decía: "¡Está hecho!". ¹⁸ Y hubo estruendos, truenos y relámpagos; y hubo un gran terremoto, un terremoto tan fuerte y tan grande como no había habido desde que los hombres están sobre la tierra.

La resurrección de los dos testigos anteriores ocurre simultáneamente [con la batalla de Armagedón y el terremoto más horrendo que jamás haya ocurrido].

El gran terremoto de Trump 7 lo explica:

> Y oyeron una gran voz del cielo que les decía: "Subid aquí". Y ellos [Comentario: dos testigos] subieron al cielo en una nube, y sus enemigos los vieron. [13] En la misma <u>hora hubo un gran terremoto</u>).

Este período situaría su día final como el Día Asombroso de Yahveh, el día del regreso de Cristo. El terremoto masivo de la Tazón 7 sería el mismo que el de la Trompeta 7 Ap 11:13. <u>Por lo tanto, la resurrección de los dos testigos por parte de Dios coincide con la venida de Cristo.</u>

En la Biblia, los juicios de Trompeta preceden secuencialmente a los castigos de Tazón tendiendo a hacer creer a los lectores que son cronológicos. Sin embargo, no lo son. Los juicios de Trompeta ocurrirán incrementalmente a lo largo de los últimos 3.5 años, mientras que los juicios de Tazón coinciden con la 7ª Trompeta en el día final de la era. En general, esto permite comparar lo peor que se pone con el aumento de la severidad del castigo. Por ejemplo, la correlación más directa muestra que la Trompeta 1 y el Tazón 1 relacionan las llagas en los pecadores debido a que antes se quemaron los árboles y la hierba. La Trompeta 2 aumentó de 1/3 del mar, convirtiéndose en sangre a todo el mar, convirtiéndose en sangre en el Tazón 2.

Trompeta 1: quema de árboles y hierba	Tazón 1: llagas en los pecadores
Trompeta 2: 1/3 mar se convirtió en sangre	Tazón 2: Mar se convirtió en sangre
Trompeta 3: Aguas, ríos golpeados	Tazón 3: aguas, ríos > sangre
Trompeta 4: golpe de sol	Tazón 4: hombres quemados por el sol
Trompeta 5: Locusts de la fosa	Tazón 5: Hombres con dolor
Trompeta 6: Los ángeles del Éufrates matan.3	Tazón 6: el Éufrates se seca
Trompeta 7: Reino de Nuestro Señor	Tazón 7: Está hecho

Todos los juicios anteriores se acumularán concurrentemente hasta la batalla final entre Cristo y Satanás..

Evolución de la Bestia

La evolución de la bestia se ha estado gestando desde Adán y Eva. Primero, Dios eligió a Israel y a los judíos como su pueblo y luego pasó 6000 años recogiendo todas las almas que pudo. El principio decisivo era que si creías en Dios y obedecías, eras bueno: si no, eras malo. Los que no creían en Dios adoraban a ídolos, al sol o a otros personajes míticos inventados por la humanidad movida por el poder y el deseo de control.

La bestia del mar

(Apocalipsis 13) Entonces me paré sobre la arena del mar. Y vi una bestia que subía del mar, que tenía [b] siete cabezas y diez cuernos, y en sus cuernos diez coronas, y en sus cabezas un nombre blasfemo. ² Y la bestia que vi era semejante a un leopardo, sus pies eran como los pies de un oso *[Irán, Persia]*, y su boca como la boca de un león *[Babilonia]*. *El dragón [Turquía]* le dio su poder, trono y gran autoridad..

Habría sido la dinastía griega de Alejandro Magno hacia 330- 164 a.C. antes de su muerte. Un brutal general, Antíoco del ejército de Alejandro, recogió los pedazos del Reino Seléucida que contenía [Grecia, Turquía, Siria y Egipto]. La última fecha de 167 A.C. habría sucedido tras la ruptura de Alejandro Magno.

Y vi una de sus cabezas *[Imperio otomano]* como si hubiera sido herida de muerte, y su herida mortal fue curada *[para convertirse en el califato neo-otomano]*. Y todo el mundo se maravilló y siguió a la bestia. ⁴ Así que adoraron al dragón [Turquía, Irán, Siria, Líbano -bestia de 10 países-] que dio autoridad a la bestia; y adoraron a la bestia, diciendo: "¿Quién es como la bestia? ¿Quién es capaz de hacerle la guerra?".

La secuencia de los imperios tomada de TIME MAPS

https://www.timemaps.com/history/middle-east-1500bc/

> (Apocalipsis 17:8-14) [8]La bestia que visteis era, y no es, y subirá del abismo e irá a la perdición. Y se maravillarán los que moran en la tierra, cuyos nombres no están escritos en el Libro de la Vida desde la fundación del mundo, cuando vean la bestia que era y no es, y sin embargo es. [10]Hay: (a). También, siete reyes. (b) Cinco han caído, (c) uno es, y el otro aún no ha venido. (d) Y cuando venga, debe continuar un corto tiempo. [11]La bestia que era, y no es, es ella misma también la octava, y es de los siete, y va a [f] la perdición. [12]"<u>Los diez cuernos que viste son diez reyes que aún no han recibido ningún reino</u>, pero reciben autoridad por una hora como reyes con la bestia. [13]Estos son de un mismo sentir, y darán su poder y autoridad a la bestia. [14]Estos harán guerra contra el Cordero, y el Cordero los vencerá, porque Él es Señor de señores y Rey de reyes; y los que están con Él son llamados, elegidos y fieles"..

Las fechas enumeradas mostraban cuándo ese imperio derrotó a su predecesor en la secuencia numérica.

El número cuatro, a continuación, enumera los países que definen a la bestia del mar en 175-164 AEC como el general griego Antíoco IV Epífanes. Tiene un cuerpo de leopardo que *representa a Grecia*, una boca de león y patas de oso.

Esta descripción es la que vio Juan cuando escribió la profecía de Apocalipsis 13, casi 260 años después. <u>Indica que la bestia de 168 a.C. es idéntica a la profetizada para el fin de los tiempos.</u>

La primera bestia, Siria, Rey del Norte, ha crecido a través de la adquisición de territorio durante las batallas de ida y vuelta entre las <u>dinastías Seléucida y Ptolemaica</u>. Ahora se ha transformado en el nuevo Rey del Norte: Gog-Magog. Además, Daniel 11:40-45 sugiere que esos versículos saltan al futuro para definir la última versión del monstruo que aún no ha llegado, el Imperio Neo-otomano. Está a punto de reproducirse a sí mismo a partir del anteproyecto dejado por Antíoco IV mientras entramos en el tiempo del fin justo antes del regreso de nuestro Señor Jesucristo. (2)

¿Quién es la bestia del 2022+?

El número 8, por debajo del nuevo califato neo-otomano, era la Bestia que "aún no ha venido" hasta 1917. Había sobrevivido a las bestias anteriores: Asiria, Babilonia, Medio-Persia, el Imperio Griego de Alejandro Magno, y Roma hasta que se aliaron con Alemania en la 1ª Guerra Mundial y perdieron para convertirse en la Bestia que no es: convirtiéndose en naciones individuales: fragmentándose hasta desaparecer. El Anticristo, ¿es musulmán?

¿Es musulmán el Anticristo?

La Tribulación comenzará con una promesa de paz del Anticristo y miembros de la iglesia apartándose de Dios. Las dos escrituras que nos lo dicen son:

> (Daniel 9:27) [27]Entonces él [el Anticristo] confirmará un pacto con muchos por una semana [comentario: 7 años]; Pero a la mitad de la semana, Pondrá fin al sacrificio y a la ofrenda. Y sobre el ala de las abominaciones estará el que hace desolación, Hasta que la consumación, que está determinada, Sea derramada sobre los desolados".

> (2 Tesalonicenses 2:3-4) [3]Que nadie os engañe en modo alguno; porque aquel Día [comentario: el regreso de Cristo]

no vendrá sin que antes venga la apostasía, y se manifieste el hombre de pecado, el hijo de perdición, [4]que se opone y se levanta sobre todo lo que se llama Dios o es objeto de culto, de modo que se sienta como Dios[c] en el templo de Dios, haciéndose pasar por Dios.

También, recuerda antes que en Daniel 9:26, la escritura nos dice que: **Y el pueblo del príncipe [Anticristo] que ha de venir** Destruirá la ciudad y el santuario.

De los siete reyes: Abajo primero Cinco han caído,

1. Asiria-Siria **722** A.C.
2. Babilonia, (Irak) **586** A.C. LEÓN
3. Medio-Persia (Irán) **539** A.C. OSO
4. Grecia: Reino seléucida/Turquía ptolemaica, Siria y Egipto **330- 164** A.C. Gobierno de **Antíoco 175-164 AEC**: Murió en 164 AEC. Profanación del segundo Templo por Antíoco IV Epífanes en **168** AEC. Los países participantes son **Siria, Irak, Irán, Turquía, Grecia, Egipto, Libia, Etiopía/Cush, Sudán y Líbano**
5. Roma **100** a.C.-750 d.C.
   Uno de ellos es:
6. **Imperio Otomano Original (637-1914)** LEOPARDO
   a. [Reino Selecuida (4 generales) Siria, Turquía, Grecia/Macedonia, Egipto] **No es:**
7. Imperio Otomano original **desmantelado en 1917 Primera Guerra Mundial Todavía no ha llegado**
8. **(Nuevo Imperio neo-otomano).**
   Incluye (Siria, Irak, Irán), (Turquía, Egipto) (Libia, Etiopía/Cush), y otras *conjeturas* 2018-2028, Grecia, Líbano y Sudán.

Lo que rápidamente se hace evidente es que no importa qué definición uno selecciona, los primeros **Cinco han caído, Uno es, No es, y Aún no ha llegado**, las naciones de la bestia, con el tiempo, han sido los mismos. Por lo tanto, las categorías específicas de interés son: <u>Los primeros cinco, Uno es, no es, y Todavía no viene.</u>

Rápidamente se hace evidente que no importa qué definición uno seleccione, los **primeros Cinco han caído; uno es, No es, y Todavía no viene**; todos son islámicos.

Lo anterior muestra que Satanás no ha cambiado sus galones - aunque los diversos países pueden haber cambiado su nombre con el tiempo, predominantemente odian a los Judíos. Eso no quiere decir que uno puede pintar el país con una brocha gorda deduciendo que no hay cristianos en cada uno de ellos; Dios nos llama a todos. Sin embargo, donde hay muchos islamistas radicales, los cristianos y los Judíos serán perseguidos por los que los odian.

El número cuatro, más arriba, enumera los países que definen a la bestia del mar en 175-164 A.C. como Antíoco IV Epífanes. Tiene cuerpo de leopardo, boca de león y patas de oso. Esta descripción es la misma que vio Juan cuando escribió la profecía en Apocalipsis 13 casi 260 años más tarde.

Indica que la bestia de 168 A.C. es idéntica a la profetizada para el final de los tiempos. La primera bestia, Siria, que era Rey del Norte, ha crecido mediante la adquisición de territorio durante las batallas de ida y vuelta entre las <u>dinastías Seléucida</u> y <u>Ptolemaica</u>. Ahora se ha transformado en el nuevo Rey del Norte: Gog-Magog. Además, Daniel 11:40-45 sugiere que esos versículos saltan al futuro para definir la última versión del monstruo que aún no ha llegado, el Imperio Neootomano. Está a punto de reproducirse a sí mismo a partir del plano dejado por Antíoco IV mientras entramos en el tiempo del fin justo antes del regreso de nuestro Señor Jesucristo.

Peor aún para los países árabes, la terminación firmada a medianoche del 14 de mayo de 1948 del Mandato Británico, de un plumazo, cumplió Isaías 66 y creó Israel.

> (Isaías 66:7-8): ⁷"Antes de estar de parto, dio a luz; Antes que vinieran sus dolores, Dio a luz un hijo varón. ⁸¿Quién ha oído cosa semejante? ¿Quién ha visto cosa semejante? ¿Acaso parirá la tierra en un solo día? ¿O nacerá una nación de una vez? (2)

Israel es el país de Dios que el Islam siempre pretende destruir, sea cual sea la versión de la bestia. Así que podemos tener curiosidad por saber quién es el Anticristo 2022+. Solo me viene a la mente un nombre.

OBAMA la bestia de 2022

Entonces, ¿quién será este hombre de perdición que se convertirá en el Anticristo y resucitará el pasado imperio otomano para convertirse en su sustituto neo-otomano? El que se convertirá en el Anticristo, lo más probable, es que ya esté en escena haciendo comentarios despectivos sobre la Biblia y el cristianismo. Si una población empática abraza las acciones malvadas del Anticristo, seguirá una persecución cristiana generalizada. Lo único que nos protege de este desastre pendiente es si la gente se vuelve a Dios en oración, confesando nuestra naturaleza pecaminosa mientras nos arrepentimos y pedimos perdón en el nombre de nuestro Señor Jesucristo. Sin embargo, ni la historia ni el libro bíblico del Apocalipsis auguran esa expectativa.

Desde mi perspectiva, solo me viene a la mente un nombre: **Barak Obama.** Los signos y prodigios del fin de los tiempos descritos en la Biblia comenzaron la noche de la victoria electoral de Obama en 2012. *Fue la marca de la bestia, ganar la lotería número 666.* De sus otras hazañas notables:

1. Es el único presidente que recuerdo que ha menospreciado la Biblia, en este caso, hablando del Sermón de la Montaña. "Obama se burla y ataca a Jesucristo y a la Biblia. Un alto líder evangélico estadounidense acusó al senador Barack Obama de distorsionar deliberadamente la Biblia y de adoptar una "interpretación de pastel de frutas" de la Constitución. estadounidense".
2. En videos de YouTube, Obama comentó su religión musulmana antes de corregirse a sí mismo con una picana del presentador, diciendo, ¿no querrás decir cristiano.
3. 3. Las pruebas convincentes de una evaluación forense de su certificado de nacimiento largo indican que es falso: Nació en <u>Kenia</u>. Incluso un novato como yo pudo ver que alguien lo cortó y pegó de otro documento.
4. Una Experiencia Cercana a la Muerte de un chico judío secular de 15 años le dijo a un rabino judío en Israel; que en el cielo, le dijeron que Obama era el Anticristo y que comenzaría el Tercer Mundo. Antes de rechazar a los chicos, la afirmación ¿no suenan ciertas las estadísticas de la declaración de un chico secular de 15 años que no sabía nada de la Biblia?
5. En un discurso el 27 de febrero a Kristof de The New York Times, Barack Hussein Obama dijo que la <u>*"llamada musulmana a la oración "*</u> es <u>*uno de los sonidos más bonitos de la Tierra al atardecer.*</u>
6. Apoyó el aborto, el matrimonio gay y la homosexualidad contra Dios durante su administración.
7. La Biblia nos dice constantemente que habrá señales y prodigios: la noche que Obama ganó las elecciones en 2012, el número ganador de la lotería fue el 666, la marca de la bestia

8. *Obama se abstuvo*; Durante 70 años, la U.N. había pedido anualmente a los miembros de su consejo que votaran a favor de una partición israelí para dar lugar al Estado palestino. Durante esos setenta años, *Estados Unidos siempre vetó* la votación de la partición *hasta que él se abstuvo*, dejando la votación de la partición.

La noche en que se aprobó la ley del matrimonio homosexual, la Casa Blanca se iluminó con los colores LGBT del arco iris, que casualmente también rodeaban el trono de Dios.

Obama sigue aquí, y pronto lo veremos como Anticristo.

La ramera: Ciudad

Apocalipsis 17 nos dice que la Bestia de siete cabezas y diez cuernos refleja siete montañas sobre las que se sienta la Ramera, y los diez cuernos son reyes que aún no se han comprometido con la Bestia Anticristo. Más adelante, Apocalipsis 17:18 describe a la Ramera como una ciudad que reina sobre los reyes de la tierra. La Ramera original era la Ciudad de Babilonia, que Saddam Hussein reconstruyó parcialmente en Irak. Entonces, ¿quién es la Babilonia Misteriosa de hoy que satisfará Apocalipsis 17? Aunque muchos creen que son los "Estados Unidos", no lo son.

La caída de Babilonia la Grande

(Apocalipsis 18). ²Y clamó poderosamente a gran voz, diciendo: "Ha caído, ha caído la gran Babilonia, que se ha convertido en morada de demonios, en prisión de todo espíritu inmundo y en jaula de toda ave inmunda y aborrecida ⁴y Dios se ha acordado de sus iniquidades

-muerte, luto y hambre. Y será totalmente quemada con fuego, porque fuerte es el Señor Dios que [f]la juzga. De pie ante una lejos **por** miedo a su tormento, diciendo: '¡Ay, ay, esa gran ciudad Babilonia, esa poderosa ciudad! **Porque en una hora ha llegado tu juicio'.**

El mundo llora la caída de Babilonia

[20] "¡Alégrate de ella, cielo, y vosotros [j]santos apóstoles y profetas, porque Dios os ha vengado de ella!"

Finalidad de la caída de Babilonia:

Tendrá todas las características de un ataque nuclear: por lo tanto, sus plagas "vendrán" en un día. La frase reveladora, "vendrán", prueba que todo lo descrito a partir de este punto aún no ha sucedido.

(Apocalipsis 18-8) [8]Por tanto, sus plagas vendrán en un solo día: muerte, luto y hambre. Y será totalmente quemada con fuego, porque fuerte es el Señor Dios que [f] la juzga.

(Isaías 34:5,8-10): [8]Porque es el Día de la venganza de Yahveh, [9]Sus arroyos se convertirán en brea, [alquitrán] Y su polvo en azufre [azufre]; Su tierra se convertirá en brea ardiente [comentario: alquitrán]. [10]No se apagará ni de noche ni de día; Su humo subirá para siempre.

Todo capitán de navío, todos los que viajan en barco, los marineros, y cuantos comercian en el mar, se pararon a distancia[18] y gritaron al ver el humo de ella ardiendo, diciendo: "¿Qué es semejante a esta gran ciudad?". [11]"Y los mercaderes de la tierra llorarán y se lamentarán sobre ella, [19]'¡Ay, ay, esa gran ciudad, en la que todos los que tenían barcos en el mar se enriquecieron por su riqueza! Porque en una hora, ella [i]es desolada.' *[directo alusión a la costa del Mar Rojo]*

Ezequiel 25:13 Temán; Dedán caerá a espada. *[ciudades de Arabia Saudí a lo largo de la costa del mar Rojo]*.

La ramera moriría por el fuego: Apocalipsis 17:1616 Y los diez cuernos *[10 reyes que darán alianza al califato]* que [a] viste en la bestia, éstos aborrecerán a la ramera, la dejarán desolada y desnuda, comerán su carne y la quemarán con fuego.

Zac 5 describe un "rollo volador" en la tierra de Shinar entre Irán e Irak que explicaría todo lo anterior. Su animosidad natural entre Irán (shita) y Arabia (sunita).

Apocalipsis 18:21 "Así con violencia será derribada la gran ciudad Babilonia y ya no será hallada.

La carnicería provocada en la península de Arabia Saudí deja todos los campos petrolíferos en llamas desde las ciudades del norte hasta el sur, desde Seir, Dedán, La Meca hasta Temán [todo en Arabia Saudí]. La devastación se produciría en solo 60 minutos, dejando humo que se vería a kilómetros de distancia, invocando una visión de un holocausto nuclear como el de Sodoma y Gomorra. Además, dejaría el territorio inhabitable durante generaciones. Sión, por lo tanto, advierte a todo aquel que viva en Babilonia que huya.

<u>Este análisis previo identifica</u> a la Meca de Arabia Saudí como <u>la nueva Babilonia</u>. El nuevo Imperio neo-otomano se completaría con la alianza de los países musulmanes circundantes de reyes no comprometidos que tendrían motivos para <u>odiar a la Ramera</u>. ¿Por

qué? Porque Arabia Saudí alimentaría con petróleo a los enemigos del Anticristo en detrimento de los planes de Satanás.

Turquía e Irán eran competidores naturales de Arabia, aunque uno es suní y el otro chií. El hecho de que la Biblia diga: "¡Ha caído Babilonia! Caída es esa gran ciudad cuyas ruinas de la antigua Babilonia aún están en Irak; argumenta que aún está por suceder. El pensamiento presumiría que una Babilonia parcialmente reconstruida en Irak no tendría suficiente valor para que alguien buscara destruirla. Zacarías 5 hace un gran caso de que Irán, el enemigo natural de Arabia, devastará la nueva ciudad de Babilonia de La Meca. La Biblia identifica a Irán como el enemigo natural de Arabia, y a Turquía como su enemigo natural.

¿Sabes que la Biblia identifica En Zacarías 5 un rollo volador que ataca al mal? Su rollo volador tiene dimensiones válidas para un pequeño misil. Su base estaría en la tierra de Sinar, Irak e Irán. Con una animosidad natural entre Irán y Arabia e Irán empeñado en desarrollar misiles, la destrucción de La Meca por Irán parece muy verosímil.

Bestia de la tierra

Tanto el Anticristo como el Falso Profeta serán humanos. Sin embargo, mientras que una <u>bestia simbólica del mar comprende países</u> que representan al Anticristo, la <u>Bestia de la tierra</u> será el último Pontífice: es decir, el Falso Profeta, que hará que los que habitan nuestro planeta adoren al Anticristo. También recibirá su autoridad de Satanás, representado por el nuevo Rey del Norte: el neo-otomano Califato, cuya herida mortal llegó a ser curada por diez antiguas naciones bestias que dieron lealtad a la nueva Bestia emergente. Las naciones que forman la Bestia bíblica del mar son todas musulmanas creadas por una evolución de antiguos imperios que, a lo largo del tiempo, gobernaron secuencialmente sus respectivos territorios solo para ser absorbidos por el siguiente Imperio emergente. La Bestia del mar es una "bestia del Norte", una "bestia del Norte".

Aunque los países también eran "bestias", ésta será la última y la peor que verá la humanidad de la bestia del fin de los tiempos de 2022+.

El 4 de febrero de 2019, en la 'Conferencia Global sobre la Fraternidad Humana', el Papa Francisco y el principal imán suní Sheikh Ahmed al-Tayeb firmaron un documento que apunta a una "religión mundial única". Su argumento es que: todos somos hijos de Dios pero lo buscamos de diferentes maneras dándonos a todos otros caminos para llegar al mismo Dios". La mentira del Papa no concuerda con la Biblia cristiana, que afirma que el acercamiento a Dios es a través de Jesucristo. Además, tal pensamiento solo allana el camino para el Nuevo Orden Mundial, donde el Anticristo reinará supremo con la ayuda del Falso Profeta. Profundizando en la noción de que el Papa Francisco es el Falso Profeta están las siguientes citas:

- El Papa dijo en la catedral de San Patricio de la ciudad de N.Y.: "La vida de Jesús terminó en fracaso en la cruz",. Por esta declaración blasfema, la gente en la iglesia aplaudió y alabó su discurso engañoso.
- Siguió con la siguiente declaración en la revista Inquisitr: "Cuando leemos sobre la Creación en el Génesis, corremos el riesgo de imaginar que Dios era un mago, con una varita mágica capaz de hacerlo todo. Pero no es así. Creó a los seres humanos y los dejó desarrollarse según las leyes internas que dio a cada uno para que alcanzaran su plenitud". es decir, avaló la teoría de la evolución.
- Gobierno mundial debe gobernar U.S. 'por su propio bien'
- En declaraciones al diario "El Universo" de Ecuador, el Papa dijo que las Naciones Unidas no tienen suficiente poder y debe

otorgárseles el control gubernamental total "por el bien de la humanidad".
- El Vaticano pide un nuevo orden económico mundial: publicado el 24 de octubre de 2011 - Associated Press

A lo largo del papado del Papa, sienta las bases de una religión unimundial: -- ¡dónde está la indignación! -- La Biblia, profetizando tales condiciones para el fin de los tiempos, admite que la mayoría abrazará al Anticristo... Está empezando a suceder, reafirmando que estamos viendo el fin de la semana de Dios... El Papa ya apoya el Crislam, una combinación de Cristianismo e Islam... Ya 72 iglesias en los EE.UU. practican esa falsa religión...

(Apocalipsis 13: 11-17) [11]Y vi otra bestia que subía de la tierra, y tenía dos cuernos semejantes a los de un cordero, y hablaba como un dragón. [12]Y ejerce en su presencia toda la autoridad de la primera Bestia, y hace que la tierra y los que en ella habitan adoren a la primera Bestia, cuya herida mortal fue sanada. [13]Hace grandes señales, de tal manera que hasta hace descender fuego del cielo sobre la tierra a la vista de los hombres. [14]Y engaña a los que habitan en la tierra con esas señales que se le concedió hacer a la vista de la Bestia, diciendo a los que habitan en la tierra que hagan una imagen a la Bestia que fue herida por la espada y vivió. [15]Se le concedió el poder de dar aliento a la imagen de la Bestia, para que la imagen de la Bestia tanto hablara como hiciera morir a cuantos no adoraran la imagen de la Bestia. [16]Hace que todos, pequeños y grandes, ricos y pobres, libres y esclavos, reciban una marca en la mano derecha o en la frente,[17] y que nadie pueda comprar ni vender sino el que tenga [g] la marca o el nombre de la Bestia, o el número de su nombre.

(Apocalipsis 19:20) Entonces <u>fue capturada la Bestia</u> y <u>con ella el falso profeta</u>, que hacía señales en su presencia, con las que engañaba a los que recibían la marca de la Bestia y a los que adoraban su imagen. Estos dos fueron arrojados vivos al lago de fuego ardiendo con azufre.

(Mateo 25:31) [El Hijo del hombre juzgará a las naciones] "Cuando el Hijo del hombre venga en su gloria, y todos <u>los santos ángeles con él</u>, entonces se sentará en el trono de su gloria.

TERCER JUICIO: BATALLA FINAL

¿Quiénes?

> Un remanente de población malvada: <u>Las uvas de la ira</u>
> <u>Bueno/malo Metáfora: Uvas dulces vs. uvas amargas</u>
> Período cubierto: 1 día, <u>Último día</u> de la semana de 6000 años
> <u>Criterios de salvación</u>: ninguno, retribución total
> Guerra: Armagedón Cristo contra Satanás en la batalla final <u>Criterios de salvación</u>: ninguno.

Apocalipsis 7 afirma que Juan vio una gran multitud que nadie podía contar de todas las naciones con vestiduras blancas de pie ante el trono del Cordero. Luego leemos: "Estos son los que salen de la Gran Tribulación, lavaron sus vestiduras y las blanquearon en la sangre del Cordero. Estas serían las ovejas clasificadas del juicio de Cristo que harían el milenio.

Saliendo de la ***Gran Tribulación, los últimos 3,5 años***, las vestiduras siendo blanqueadas por la sangre del Cordero solo podía significar que un gran número de seguidores de Satanás habían encontrado la salvación a pesar de ser previamente seguidores del Anticristo. «¿Cómo puede ser esto?». Estos secuaces de Satanás debieron confesar sus pecados, arrepentirse y pedir perdón en el nombre de Jesucristo para justificar la pureza de sus túnicas blancas: la validación es que estarán en el cielo. Entonces, ¿qué pasó? Dios sucederá; Él burlará a Satanás derramando Su Espíritu Santo sobre toda carne en Joel 2:28. De repente, cada uno de los de Satanás seguidores de Satanás se convertirán en "templos de Dios" por contener el Espíritu Santo. Qué embarazoso para Satanás.

Sus seguidores ahora tenían otra opción a considerar. Con una "multitud, que nadie podía contar", los líderes rebeldes abrazarán al Espíritu Santo y a Cristo haciendo proselitismo de una porción masiva de los seguidores de Satanás para que se conviertan a Cristo en vez de seguir a Satanás. Además, estas personas que atraviesan el horno de la aflicción permanecerían vivas para poblar el reinado milenario de Cristo. Estaría compuesto de carne y hueso y de almas resucitadas. Este acontecimiento debería desencadenar el avivamiento masivo esperado por los numerosos ministerios proféticos, a medida que los seres humanos comiencen a darse cuenta de la corrupción de sus líderes.

3ra Guerra Mundial (WWIII) GOG-MAGOG, la guerra comienza

Los primeros versículos de Zacarías 14 citan a Joel 2, "Porque el día de Jehová viene; está cerca", lo que significa que el Último "Día de Jehová" no ha sucedido todavía. Así que Joel 2:2 clama: <u>Un día de tinieblas y de oscuridad, y un día de nubes y de densas tinieblas, imitando a Zacarías 14:6 "Sucederá en aquel día Que no habrá luz, las luces disminuirán.</u>

En Ezequiel 5, Dios explica que Israel debe responder por su desobediencia, lo que hace que ayude a la Bestia a capturar Israel. Luego se vuelve contra aquellos a los que ayudó yendo a la guerra contra Gog de Magog: El Anticristo al que ayudó inicialmente. Así, los últimos 3.5 años verán la guerra Gog-Magog transformarse en Armagedón, el último día de la semana de Dios, cuando Cristo regrese para combatir a todas las naciones del mundo en las llanuras de Meggido.

Ezequiel 5 dice: "Reuniré a todas las naciones [Comentario: aludiendo a la batalla final con Satanás]", pero antes, Al descargar su furia, Dios declara lo personalmente que se toma la mala conducta de Israel al decir: "Ciertamente yo, yo mismo, estoy contra vosotros y ejecutaré juicios en medio de vosotros a la vista de las naciones".

(Ezequiel 5:5-10), 'Esta es Jerusalén; yo [Yahvé] la he puesto en medio de las naciones y de los países que la rodean. Pero, a causa de su desobediencia, lucharé contra Jerusalén para castigarlos por haberse rebelado contra mis juicios y no haber andado en mis estatutos ni guardado mis decretos. [8]Por tanto, así dice Yahvé Dios: 'Ciertamente yo, yo mismo, estoy contra ti y ejecutaré juicios en medio de ti a la vista de las naciones [Comentario: naciones musulmanas circundantes].

¿Quién es Gog-Magog?

(Daniel 9:26) Y el pueblo del príncipe que ha de venir destruirá la ciudad y el santuario. Y así lo hicieron en el año 70 DC. ¿Quiénes eran "el pueblo" de este "príncipe que ha de venir"? Contrariamente a la creencia popular, no eran europeos romanos; el "pueblo" era en cambio musulmán: es decir, tropas romanas reclutadas de los países árabes circundantes. Explícito en esa observación, el Anticristo, "Príncipe", también debe ser musulmán.

- "Hope of Israel Ministries" nos da la siguiente conclusión: pruebas abrumadoras de historiadores antiguos definieron la etnia del pueblo "romano" que destruyó Jerusalén y el Templo en el año 70 DC como musulmanes. Los soldados romanos reclutados provenían de la población local de árabes y musulmanes que dominaban la región. Sirios, egipcios y tropas de Asia Menor formaban las legiones romanas de Oriente Medio. Por lo tanto, el Anticristo es musulmán.

- Una de las pruebas presentadas procede del libro Soldados, ciudades, and Civilians in Roman Syria (University of Michigan Press, 21 de diciembre de 2000). El autor Nigel Pollard, Ph.D., catedrático de Historia Romana en la Universidad de Oxford, examinó la etnia, en detalle, de las provincias orientales de los soldados romanos durante el siglo I. Tras revisar a fondo los escritos académicos más recientes sobre el tema, se convenció de que la inmensa mayoría de los soldados que destruyeron el Templo eran principalmente sirios, árabes y de etnias orientales. Surgió una antigua realidad.

Al destruir Jerusalén y el Templo, los soldados desobedecieron a sus comandantes cuando se les ordenó apagar el fuego del Templo porque su odio a los judíos superaba sus temores a los generales.

https://www.esperanza-de-israel.org/peopleofprince.html

Las personas a las que Dios castiga tan severamente eran los no creyentes en Él y en su Hijo, Jesucristo. Así, los versículos precedentes apuntan directamente a los países musulmanes con odio a Israel, al pueblo judío y a los cristianos desde hace siglos. Pero también debemos incluir a aquellos del mundo que comparten ese odio. Nos guste o no, la cuestión fundamental es si vivimos, o no, según los principios de la religión cristiana que afirma que nuestro mandamiento más sagrado es:

> (Lucas 10:27) "'Amarás a Yahveh tu Dios con todo tu corazón, con toda tu alma, con todas tus fuerzas y con toda tu mente', y 'a tu prójimo como a ti mismo'".

Alternativamente, ¿qué pasa si no lo hacemos? Mira alrededor del mundo, ¿está mejorando o empeorando? Hay más amor entre nosotros o más odio? ¿No ves por qué Dios me pidió que escribiera este libro? Este libro es una súplica para reconocer que vivimos en el fin de los tiempos. El regreso de Jesús ocurrirá durante la vida de la mayoría de la población de esta tierra. Esa población disminuirá significativamente a menos que muchos se vuelvan a Dios y busquen la promesa de la salvación de Cristo. El Imperio Otomano de 1917 entró en la Primera Guerra Mundial en el lado perdedor de Alemania. Como resultado, el desmantelamiento del Imperio dividió al Imperio en países separados resultando en su muerte por fragmentación. La profecía 20 de Lucas: La profecía de Lucas 20:21 nos dice que cuando los ejércitos rodeen Jerusalén, su desolación estará cerca, aludiendo a su captura por el Anticristo. Zacarías describe además las batallas que asolarán a las mujeres de Israel cuando los ejércitos del Anticristo se preparen para el Armagedón.

Juicios [Ovejas o Cabras]

Los que sobrevivan a los últimos 3.5 años de la Gran Tribulación son las "ovejas", siendo los perdedores las "cabras". Jesús decidirá esa clasificación durante los 3.5 años finales. Muchas ovejas sobrevivirán a la Ira de DIOS renunciando a su lealtad a Satanás y volviéndose a DIOS y a Jesús. Serán la porción de carne y hueso de la población que ganará su redención con actos aleatorios de bondad hacia sus semejantes.

Los países musulmanes rodean Israel. Muestra los nombres de ciudades dentro de Turquía referenciados en la Biblia para identificarlo como el nuevo Rey del norte [el neo Califato Otomano]).

(Ezequiel 38) ³Estoy contra ti, oh Gog, príncipe de Rosh, Meshach y Tubal.⁵Persia, Etiopía y Libia están con ellos,

El ATAQUE DEL FIN DE LOS TIEMPOS

Reaccionando al ataque egipcio [2022+] en Daniel 11, el Rey del Norte, ahora una versión temprana del califato neo-otomano venidero (Siria, Irak, Irán, Turquía, Egipto), se queda corto del ataque total de Sin embargo, a medida que la primera versión comienza a luchar, la batalla de Ezequiel 38 se transforma en la entidad Gog-Magog que se convierte en WWIII y comienza a recoger los países necesarios para convertirse en el califato neo-otomano de diez naciones que Cristo combatirá en Armagedón. Esta primera versión de la bestia, Gog-Magog, apenas comienza a enfrentar a Dios encarnado cuando regresa y aterriza en el Monte de los Olivos para comenzar los últimos 3.5 años de la tribulación de 7 años.

Pero las noticias del este y del norte lo perturbarían. Los principales países de esas regiones serían China, Rusia, Pakistán y la India. Aunque siendo de la misma calaña, el temor del Anticristo debe haber sido que infringieran su frenesí alimentario de conquista. Después de todo, la Bestia neo-otomana acababa de plantar sus tiendas palaciegas al oeste de la Ciudad Santa, entre el Mediterráneo y el Mar Muerto, presumiblemente para gobernar la recién conquistada Jerusalén. La implicación es que Dios ya lo ha ayudado a conquistar Israel/Jerusalén, como se prometió en Zac 14: 2. Cuando Dios cambia de lealtad para servir a su pueblo, Gog se convierte en un vencedor temporal.

Así, el Anticristo Gog, una versión más joven de la Bestia neo-otomana, siendo todos iguales, llegará a su fin, es decir, la muerte, sin nadie que le ayude. No habría otros aliados que apoyaran su posición, por lo que Dios acabó con su vida y lo enterró en el valle de Hamon Gog, en lo que hoy es el lado jordano del Mar Muerto. Este entierro en territorio jordano sugiere además que Israel reclamó esa tierra después de derrotar a Gog. La magnitud de la batalla se puso de manifiesto al tardar siete años los israelitas en encontrar otros huesos, después de lo cual los buscarían de nuevo para enterrarlos. Los hechos anteriores dicen que los israelitas, al encontrar otros huesos, también los marcarían para enterrarlos.

La magnitud de la batalla se puso de manifiesto al tardar los israelitas **siete meses** en enterrar a los muertos, tras lo cual harían otra búsqueda. Los buscadores que encontraran entonces cualquier otro hueso también lo marcarían para enterrarlo. Los hechos anteriores dicen que la brutal guerra no dejó supervivientes. Fueron principalmente todos los países al oeste del Mediterráneo. La tierra, debido a la contaminación nuclear, se volvería inhabitable.

Sin embargo, el ejército de Dios, después de haberse ocupado de la guerra Gog-Magog matando al Anticristo, Gog, y enterrándolo en Hamon Gog, comenzó a prepararse para la batalla final de Armagedón. Primero, Dios aclara que Gog es el Anticristo con Su pregunta retórica: ¿Eres tú aquel de quien hablé en días pasados por mis siervos los profetas de Israel, que profetizaron durante años en aquellos días que yo te traería contra ellos? Así que cuando Dios mata al Anticristo, Gog, y lo entierra físicamente en Hamongog, el alma llega "viva" al Hades para su juicio eterno. A continuación, Dios le dice lo que hará a su ejército durante los últimos 3.5 años; La espada de cada uno será contra su hermano, y un 20 gran terremoto (Ap 6: 14) dice "cada montaña e isla fue movida de su lugar. Entonces, una lluvia inundante caerá sobre él y sus tropas, con grandes piedras de granizo, fuego y azufre. Con la desaparición del Anticristo, sería seguro decir: Que Gog-Magog ya no era una amenaza.

Las secuelas de la batalla dejaron suficientes armas para que los ciudadanos israelíes que vivían en las ciudades las recogieran y utilizaran como fuente de fuego ***durante siete años***, en lugar de seguir diezmando los bosques en busca de leña.

(Ezequiel 39) ⁹ "Entonces los que habiten en las ciudades de Israel saldrán y prenderán fuego y quemarán las armas, tanto los escudos como las rodelas, los arcos y las flechas, las [f] jabalinas y las lanzas; y harán fuego con ellas ***durante siete años***. ¹⁰ No cogerán leña del campo ni cortarán ninguna de los bosques porque harán fuego con las armas; saquearán a los que los saquearon y saquearán a los que los saquearon", dice el Señor DIOS. Así, "limpiarán la tierra". Con el líder del Anticristo, Gog, muerto y enterrado, su presencia estaría en el pozo sin fondo.

Clasificando lo bueno de lo malo

Uvas buenas

> (Apocalipsis 14: 14 -20) Recogiendo la cosecha de la Tierra¹⁴ Entonces miré, y he aquí una nube blanca, y sobre la nube estaba sentado Uno semejante al Hijo del Hombre, que tenía en la cabeza una corona de oro, y en la mano una hoz aguda. ¹⁵Y otro ángel salió del templo gritando a gran voz al que estaba sentado en la nube: "Mete la hoz y siega, porque ha llegado el tiempo [j] de que siegues, pues la mies de la tierra está madura". ¹⁶Entonces el que estaba sentado en la nube metió la hoz en la tierra, y la tierra fue segada.

Después del Arrebatamiento, la cosecha de la tierra sería su población restante, programada para la vendimia ya que las uvas maduras serían los simbólicos "Nacidos de Nuevo" que se dirigen a la salvación. Credibilidad a esa observación sería la descripción del Hijo del Hombre, Jesús, llevando una corona de oro haciendo la siega siguiendo las instrucciones de un ángel que sale del Templo Celestial. Todos los descriptores en Apocalipsis 14:1416 muestran una fuente divina. Cristo había replicado el Arrebatamiento: Y se llevará las "uvas maduras", 'nacidas de nuevo" al Cielo. Estas serían semejantes a las previamente raptadas: el trigo. Por el contrario, el lagar para las Uvas de la Ira estaba fuera de la Ciudad Santa.

Recuerda, estas uvas demasiado maduras representan a los pecadores, y el jugo agrio es la sangre de los que sufren el castigo. Además, la escritura descriptiva de la batalla final la sitúa fuera de Jerusalén al afirmar que sucede más allá de los muros de la Ciudad Santa.

Las uvas de la ira

(Apocalipsis 14:17-16) La cosecha de las uvas de la ira

> ^{17}Entonces otro ángel salió del templo que está en el cielo, teniendo también una hoz afilada. ^{18}Y otro ángel salió del altar, que tenía poder sobre el fuego, y clamó a gran voz al que tenía la hoz afilada, diciendo: "Mete tu hoz afilada y recoge los racimos de la vid de la tierra, porque sus uvas están completamente maduras. ^{19}Así que el ángel metió su hoz en la tierra y recogió la vid de la tierra, y la echó en el gran lagar de la ira de Dios. ^{20}Y el lagar fue pisoteado fuera de la ciudad, y salió sangre del lagar, hasta las bridas de los caballos, a lo largo de mil seiscientos [k] estadios. (200 millas).

La población de las Uvas de la Ira era el remanente de la clase de <u>ovejas</u> y <u>cabras</u> donde el lagar ocurriría fuera de la Ciudad Santa y así vincularla con Armaggedon en Megiddo, entre el Mediterráneo y el Mar de las Galias.

> (Apocalipsis 9:16) Sexta Trompeta: Los ángeles del Éufrates
> ^{13}Entonces el sexto ángel tocó la trompeta: Y oí una voz desde los cuatro cuernos del altar de oro que está delante de Dios, ^{14}que decía al sexto ángel que tenía la trompeta: "Suelta a los cuatro ángeles que están atados junto al gran

río Éufrates". ¹⁵Así que los cuatro ángeles, que habían sido preparados para la hora y el día y el mes y el año, fueron soltados para matar a un tercio de la humanidad. ¹⁶Ahora bien, el número del ejército de los jinetes era de doscientos millones; oí el número de ellos.

(Ap 16:16) Sexta Copa: Se secó el Éufrates¹² Entonces el sexto ángel derramó su copa sobre el gran río Éufrates, y se secaron sus aguas, para que estuviese preparado el camino de los reyes de oriente.¹³ Y vi tres espíritus inmundos como ranas que salían de la boca del dragón, de la boca de la bestia y de la boca del falso profeta.¹⁴ Porque son espíritus de demonios, que hacen señales, que salen a los reyes de la tierra y del mundo entero, para reunirlos a la batalla de aquel gran día del Dios Todopoderoso.¹⁵ "He aquí, yo vengo como ladrón. Bienaventurado el que vela, y guarda sus vestiduras, no sea que ande desnudo y vean su vergüenza".¹⁶ Y los reunieron en el lugar llamado en hebreo, Armagedón.

Joel 2:20, "Pero alejaré de ti al ejército del norte, y lo arrojaré a una tierra estéril y desolada, Con su rostro hacia el mar oriental [Mar de Galilea] Y su espalda hacia el mar occidental [Mediterráneo]; Su hedor subirá

Joel 2:28 ²⁸"Y sucederá después que derramaré mi Espíritu sobre toda carne; vuestros hijos y vuestras hijas profetizarán, vuestros ancianos soñarán sueños, vuestros jóvenes verán visiones. ²⁹Y también sobre *mis* siervos y *mis* siervas derramaré *mi* Espíritu en aquellos días.

Joel 2:20 describe la promesa de Dios de alejar a Sus Hijos del ejército del norte y se refiere a los problemas enemigos del este del Éufrates:

Daniel 11:44 Pero noticias del oriente y del norte lo perturbarán; por tanto, saldrá con gran furor para destruir y aniquilar a muchos.

Esta información apunta a Meguido, entre el Mediterráneo y el mar de Galilea, como campo de batalla del Armagedón.

A continuación, Dios enviaría a su sexto ángel de la Copa a secar el Éufrates para permitir a los reyes orientales el acceso a Israel. Finalmente, espíritus inmundos salidos de las bocas del Dragón, el Anticristo y el Falso Profeta invitarían a los espíritus a enviar señales a los reyes del mundo, llamándolos a reunirse para el fantástico Día de la batalla: Armageddon.

¿Dónde ocurrirá el Armagedón?

Cristo desplegará a fondo su ira en la batalla final de Armagedón, en el sobrecogedor último día de Yahveh. Las nominaciones para el lugar del encuentro son Meguido, y el Valle de Josafat, citado en Joel 3:12-15. Sin embargo, inferir que el Valle de Josafat, en Joel 3, será el lugar de Armagedón es engañoso porque los eruditos religiosos favorecen las llanuras de Meguido; además, al analizar Joel 3, los versículos llevan a una conclusión diferente.

El Valle de Josafat se extiende de norte a sur entre el Monte del Templo al oeste y el Monte de los Olivos al este. Difícilmente parecería capaz de albergar a todas las naciones del mundo, lo que sugiere que esta inferencia no es la ubicación correcta. Estudiar las palabras hebreas originales utilizadas en la profecía de Joel puede ayudar a resolver esta percepción errónea.

Hay varias palabras para "Valle": Cuando la Biblia se refiere a valles o desfiladeros profundos como Cedrón o el Valle de Josafat, utiliza la palabra gay. Sin embargo, en Joel, la palabra utilizada es emeq para describir el "Valle" de los juicios de trilla de Dios que también significa "valle o campo abierto", y, naturalmente, proporciona un mejor ajuste. Además, la esencia de la palabra hebrea Josafat significa "Yahvé ha juzgado". Además, el profeta Joel también se refiere al lugar de los juicios de Dios como "el Valle de la Decisión". Así, la interpretación alternativa de la palabra hebrea para decisión sería "un instrumento de filo cortante usado para trillar".

Creo que Dios nos está diciendo que Él será el instrumento de trilla de filo cortante que traerá Su juicio de aventar para separar el trigo de la cizaña cuando el tiempo esté maduro, y la cosecha esté lista. Armagedón se descompone en tres elementos principales: Arema-gai-dun. Al unir las piezas en una frase significativa, estas palabras hebreas se leerían "Un montón de gavillas en un valle para el juicio", reforzando la idea de una acción de aventar durante la cosecha. Sustituyendo la palabra valle por "campo abierto" queda Un montón de gavillas en campo abierto listo para el juicio de Dios. Por lo tanto, el valle de Josafat no es el lugar donde tendrá lugar la batalla. Pero las palabras presentan un relato del castigo que tendrá lugar en la amplia era de Meguido, donde las naciones del mundo serían las gavillas que esperan el juicio de Dios. Aun así, parecería que incluso las amplias llanuras de Meguido serían inadecuadas para contener a los participantes batalladores del mundo, sugiriendo así que Meguido es una metáfora de cada lugar donde las naciones del mundo esperarían Su juicio.

[John Ramsden http://www.biblemagazine.com/magazine/vol-9/issue-1/armag.html] [John Ramsden Armaggedon ¿Dónde y cuándo tendrá lugar?]

Megiddo, donde tendrá lugar toda esta acción, se encuentra a unas 60 millas de Jerusalén, en el norte de Israel. Por lo tanto, las circunstancias parecen muy apropiadas para que el general británico

Allenby, en 1918, derrotara a las fuerzas turcas otomanas en el mismo lugar. Mató así a la "bestia original del mar [comentario: "el Imperio Otomano"] derrotándola y desmantelándola en países separados. "Vimos" La bestia original que "era" el <u>antiguo Imperio Otomano</u>, y que ahora "no es" habiendo sido matada [separada en países individuales].

Resurgirá del pozo sin fondo en forma de diez nuevos países, formando temporalmente un nuevo Califato para convertirse en la "bestia es decir", el neo Imperio Otomano, <u>con todos sus aliados</u>, que luchará contra Cristo en la batalla venidera. La batalla de Armagedón sería el "combate de vuelta" contra el Imperio Otomano recién formado, que todavía busca destruir a Israel y al cristianismo para un Nuevo Orden Mundial Globalizado dirigido por el Anticristo y el Falso Profeta.

Recuerda, en este punto, solo los incrédulos endurecidos de Satanás serán el remanente que quede en la tierra. Al comienzo de los últimos 3.5 años de Ira, Dios nos enviará dos testigos, vestidos de cilicio, con el poder de profetizar sobre esos años. Los testigos devorarían a los atacantes con fuego de sus bocas si alguien planeaba hacerles daño. Además, tenían el poder de controlar la lluvia durante sus días proféticos, convertir las aguas en sangre y crear plagas sobre la tierra tantas veces como quisieran. No menos de 3.5 días antes de la batalla Impresionante, Dios permitiría que el Anticristo matara a los dos testigos y los dejara muertos en las calles. El día de la acción, Él entonces los resucitaría a la vista de todos. Los que habitaban en la tierra se regocijarían y alegrarían, enviándose regalos unos a otros, celebrando sus muertes porque estos dos profetas los habían atormentado. Durante su resurrección, Dios ordenaría a los dos testigos en voz alta: "Subid aquí", causando gran temor en aquellos que los veían volver a la vida y ascender al cielo. Apocalipsis 11: 13 también afirma que Dios los resucitará <u>a la misma hora que un gran terremoto</u>. Puesto que sabemos que Dios los revivirá en el último día de su asignación de 3.5 años, ese terremoto tiene que ser el mismo "nunca antes visto" del Día Asombroso de Yahveh en Apocalipsis 16:18.

Comentario de Conocimiento: Una exposición de las Escrituras, editado por J. F. Walvoord y R. B. Zuck (Wheaton, IL: Victor Books, 1985), afirma: La séptima trompeta alcanza cronológicamente el regreso de Cristo. *Por lo tanto, la séptima trompeta introduce e incluye los siete juicios de la cazoleta de la ira de Dios*

CRISTO REGRESA EN EL DÍA DEL SEÑOR DE ARMAGEDÓN

El mejor ajuste para la venida de Cristo es Ap 19:11-16, donde Juan describe a Cristo y su ejército viniendo en caballos blancos desde un cielo abierto a la batalla de Armagedón.

> (Apocalipsis 19: 11-16) ¹¹Y vi el cielo abierto, y he aquí un caballo blanco. Y el que estaba sentado sobre él se llamaba Fiel y Verdadero, y en justicia juzga y hace la guerra. ¹²Sus ojos eran como llama de fuego, y en su cabeza tenía muchas coronas. Tenía [e] un nombre escrito que nadie conocía sino Él mismo. ¹³Estaba vestido con un manto empapado en sangre, *[de pisar las uvas de la ira]* y su nombre se llama El Verbo de Dios. ¹⁴Y los *ejércitos en el cielo*, vestidos de lino fino, blanco y limpio· [f] le seguían sobre caballos blancos. ¹⁵Y de su boca sale una espada aguda para herir con ella a las naciones. Y Él mismo las regirá con vara de hierro [refiriéndose a su futuro reinado]. Él mismo pisa el lagar del ardor y de la ira de Dios Todopoderoso. ¹⁶Y tiene en su manto y en su muslo un nombre escrito:

REY DE REYES Y SEÑOR DE SEÑORES.

> ²⁰Entonces fue capturada la Bestia [Gog, el Anticristo] y con ella el <u>falso profeta</u> que hacía señales en su presencia, con las cuales engañaba a los que recibían la marca de la Bestia y a los que adoraban su imagen. <u>Estos dos fueron arrojados vivos al lago de fuego que arde con azufre.</u>²¹ Y <u>los demás fueron muertos</u> con la espada <u>que salía de la boca del que estaba sentado sobre el caballo.</u>

Como se ha explicado antes, la Trompeta 7 y la Copa 7 coinciden y forman una "visión" de ese último día de la semana de Dios que anuncia el regreso de Cristo simultáneo a su victoria en Armagedón.

<u>Las siguientes escrituras de la Trompeta 7 y la Copa 7 describen mejor Su regreso:</u>

> (Apocalipsis 11:15) Trompeta 7: ¹⁵entonces el séptimo ángel tocó la trompeta: Y hubo grandes voces en el cielo, que decían: "¡Los reinos de este mundo se han convertido en los reinos de nuestro SEÑOR y de su Cristo, y Él reinará por los siglos de los siglos!"

> (Apocalipsis 16:17) Tazón 7: ¹⁷Una gran voz salió del templo del cielo, desde el trono, diciendo: "¡Está hecho!".

¿Qué mejor prueba podría haber que esas palabras del Trono del Cielo?

Sin embargo, necesitamos estar continuamente conscientes de algunas verdades fundamentales. El Arrebatamiento se llevó a todos los "nacidos de nuevo" de Dios al cielo dejando al remanente como el que Satanás dejó atrás. Jesús juzgaría clasificando entre las ovejas y las cabras. Cambiaría de nuevo la metáfora para describir las Uvas de la Ira como el mal para coincidir mejor con la Batalla de Armagedón al ubicar el lagar para las uvas de la Ira fuera de los muros de la Ciudad Santa.

Terminamos con:

Bien = ovejas raptadas, uvas maduras

Mal = Cabras dejadas atrás, Uvas de la Ira

Así pues, tenemos tres metáforas diferentes que representan el Mal o el Bien. Al referirse constantemente a la población, el uso de estos términos identifica dónde ocurren los hechos durante la línea temporal. Quedará claro por qué ocurre esto a medida que la historia continúe.

La frase Día de Yahveh, se define como <u>un día</u> (Zacarías 14:7) en el que Dios se venga, usando la destrucción repentina (1 Tesalonicenses 5:2)

[2]contra Sus adversarios (Jeremías 46:10). La Tribulación implica que ocurren muchos de esos días de castigos secuenciales a lo largo de los siete años de Daniel.

> (Joel 2:31) Nos dice que: [31]el sol se convertirá en tinieblas tinieblas y la luna en sangre <u>antes</u> que venga el día grande y fantástico de Yahveh.

Joel sugiere que la mencionada exhibición celestial es masivamente destructiva y ocurrirá antes del implícito, mucho peor, <u>día asombroso de Yahveh</u>. Estos días, colectivamente, podríamos combinar dando un sentido epocal a la Tribulación como compuesta de múltiples y secuenciales <u>Días de Yahveh</u>, dejándonos preguntarnos sobre el fantástico día aún por venir: ¿qué puede ser peor, y cuándo ocurrirá?

Dado que la Biblia compara la Tribulación con un embarazo con dolores de parto que empeoran exponencialmente hasta el alumbramiento, la agonía más severa ocurre en el nacimiento: es decir, el último día de la semana de Dios de 6000 años. Entonces, ¿qué hará que este único día sea tan enormemente diferente?

<u>Este último y fantástico Día de Yahveh, cuando Cristo regrese</u>, es un momento en el que la ira de Dios se mezcla en un único y terrible día de castigo, como la humanidad nunca ha visto. La guerra Gog-Magog se abrirá camino a través de los países islámicos occidentales entre las orillas del Mar Muerto y el Mediterráneo y luego cruzará el Éufrates, donde todas las naciones islámicas remanentes se enfrentarán a Cristo en la última batalla: Armagedón. Se detendría justo antes de destruir a la humanidad. La guerra entre Cristo y el Anticristo, al frente de su ejército de todas las naciones del mundo, continuaría a lo largo de los últimos 3.5 años culminando en el día final: Armagedón. Con Nibiru cerca, haciendo desaparecer montañas e islas, produciría un terremoto masivo, creando grandes tsunamis y vientos huracanados. La proximidad de Nibiru también sacaría temporalmente a la tierra de su órbita. Miles de millones morirán en este único día que profetiza que dos tercios de la población o más perecerán, quedando 2.4 mil millones, o incluso menos, que perseveren y permanezcan vivos para entrar en el reino milenario de Cristo. En el mejor de los casos, después de la batalla final, Dios pondrá a su Hijo a cargo de los prometidos mil años de paz y gobierno piadoso mientras condena a Satanás al pozo sin fondo con el Anticristo y el Falso Profeta al Lago de fuego. Jesús abrazará <u>su victoria triunfante</u> en Armagedón y mostrará que está listo para comenzar su reino milenario en Jerusalén.

EL FINAL DEL REGRESO DE CRISTO

www.ingramcontent.com/pod-product-compliance
Lightning Source LLC
LaVergne TN
LVHW091538060526
838200LV00036B/660